LINSEN,
ERBSEN & CO.

LINSEN, ERBSEN & CO.

Die besten Rezepte

Inhalt

Hülsenfrüchte – voller Geschmack und Nährstoffe 6
Die bunte Welt der Hülsenfrüchte 7
Vom Einkauf bis zur Zubereitung 9

Deftige Suppen 10
Erbsensuppe 12
Feine Linsensuppe mit Röstzwiebeln 15
Würzige Erbsensuppe 16
Rote-Linsen-Suppe 18
Scharfe marokkanische Bohnensuppe 21
Weiße Bohnensuppe 23
Bohnencremesuppe mit Tomatenwürfelchen 24
Erbsensuppe mit Schinken 26
Linsensüppchen mit Zitronen 29
Kalte Erbsensuppe mit Minze 31
Schwarze-Bohnen-Suppe mit grüner Paprika 32
Rote-Linsen-Suppe mit Kreuzkümmel 34
Erbsen-Fenchel-Suppe mit Minze 37
Würzige Tomaten-Linsen-Suppe 38

Köstliche Salate 40
Linsensalat mit gerösteten Zwiebeln 42
Salat mit zweierlei Erbsen und Kerbel 45
Kichererbsensalat mit Feta 46
Bunter Bohnensalat 48
Aromatischer Salat mit dreierlei Bohnen 51
Bunter Linsensalat mit Kräuterdressing 52
Bohnensalat mit Mais und Tomaten 55
Linsen-Apfel-Salat mit Radieschen 56
Salat mit schwarzen Bohnen 58
Warmer Linsen-Paprika-Salat 61
Bohnensalat mit Thunfisch 63
Kichererbsensalat mit Roter Bete 64
Bohnensalat mit Knoblauch-Minze-Sauce 67

Kleine Gerichte und Snacks 68
Eier mit Erbsen und Linsen 70
Kichererbsen-Burger mit Mayonnaise 72
Grüne Bohnen mit Thunfischcreme 75
Bunter Gemüseaufstrich 77
Weiße-Bohnen-Suppe mit Räucherfisch 78
Jalapeño-Bohnen-Paste 80
Kichererbsen mit orientalischem Dressing 83
Kichererbsengratins mit Lamm 84
Kichererbsengemüse mit Joghurt 86
Weiße-Bohnen-Burger 88
Naan-Brot mit Linsenkaviar 91
Chili con Queso im Schälchen 92
Rucolarollen mit roten Linsen 94

Herzhafte Beilagen 96
Kichererbsencreme aus Zypern 98
Weiße Bohnen nach kreolischer Art 101
Chilibohnen mit roten Zwiebeln 103
Linsen in Meerrettichcreme 105
Mais-Bohnen-Eintopf 106
Erbsengratin mit Champignons 108
Grüne Erbsen mit Minizwiebeln 110
Weißes Bohnengemüse mit Gremolata 113
Zuckererbsen mit Äpfeln und Ingwer 114
Süß-pikante Kichererbsen 117
Bohnen-Tomaten-Gemüse mit Salbei 118
Zarte Zuckererbsen 121

Vegetarische Hauptgerichte 122
Bohneneintopf 124
Kichererbseneintopf mit Süßkartoffeln 127
Bohnenküchlein mit Frischkäse 129
Mexikanischer Gemüseauflauf 130
Toskanische Bohnensuppe 133
Linseneintopf mit Zwiebeln 134
Linsen-Gemüse-Pfanne mit Kürbiskernen 136
Mediterrane Kichererbsen-Gemüse-Pfanne 139
Karibischer Bohnentopf mit Reis 140
Grüne Penne mit Bohnen-Tomaten-Sauce 142
Hülsenfruchtpfanne mit Spinat 144
Indischer Linsenkuchen mit Kürbissauce 147
Gemüsecurry mit Süßkartoffeln 148
Spiralen mit roten Linsen 151
Tagliatelle mit Linsen und Zucchini 152
Sobanudeln mit Linsen und Gemüse 155

Hauptgerichte mit Fleisch und Fisch 156
Zander mit Pfeffer und breiten Bohnen 158
Lammcurry mit Bohnen und Cashews 161
Frühlingsgemüse mit Nudeln 163
Schollenröllchen auf Linsengemüse 164
Sauerkraut-Bohnen-Topf mit Speck 166
Orientalische Kichererbsensuppe 168
Steirischer Käferbohnentopf 171
Chili mit roten Bohnen und Linguine 172
Scharfe Bohnensuppe mit Brätklößchen 174
Schweinefilet mit roten Bohnen 177
Berglinsen mit geräucherter Entenbrust 178
Schwäbische Linsen mit Spätzle 180
Saiblinge mit Erbsen-Tomaten-Gemüse 183
Spanischer Bohnentopf mit Chorizo 185
Kichererbseneintopf mit Paprikawurst 186

Register 188
Impressum und Bildnachweis 192

Hülsenfrüchte – voller Geschmack und Nährstoffe

Erbsen und Linsen gehören zu den ältesten und wichtigsten Kulturpflanzen der Menschheit. Linsen wurden wahrscheinlich schon vor 10 000 Jahren im Nahen Osten angebaut; in wilder Form waren sie bereits lange vor dieser Zeit bekannt, wie sich aus Höhlenmalereien schließen lässt.

Nachdem der Mensch sesshaft geworden war, begann er, durch Nutzung und Auslese Pflanzen zu kultivieren – vor allem Getreidearten, die resistenter gegen Dürre waren, und Hülsenfrüchte, die sich gut einlagern ließen und obendrein gut schmeckten. Die Vielfalt der Kulturpflanzen sicherte nicht nur das Überleben der menschlichen Spezies, sondern wurde auch Ausdruck von Genuss, Lebensfreude und Esskultur.

Dennoch bekamen getrocknete Hülsenfrüchte in den letzten Jahrhunderten ein Arme-Leute-Image: Aschenputtel musste Linsen verlesen, einfältige Menschen waren dumm wie Bohnenstroh, und Erbsenzähler gelten bis heute nicht gerade als besonders liebenswerte Mitmenschen.

Der Siegeszug des Fleisches Ende des 20. Jh. hat Linsen, getrocknete Bohnen und Erbsen ein wenig aus deutschen Küchen verdrängt, obwohl die reifen Samen der Schmetterlingsblütler nicht nur äußerst gesunde Eiweißlieferanten, sondern auch vielseitig verwendbar und preiswert sind. Deftige traditionelle Gerichte wie Erbsensuppe und Linseneintopf kamen in der Folge im Lauf der Jahre immer seltener auf den Tisch.

> ### Kleine Kraftpakete
> Hülsenfrüchte enthalten im Durchschnitt rund 24 % pflanzliches Eiweiß, die Sojabohne sogar über 37 %. Damit liegen sie an der Spitze aller pflanzlichen Lebensmittel. Ihr Eiweiß besteht aus bis zu 20 verschiedenen Aminosäuren und hat einen entscheidenden Vorteil gegenüber tierischem Eiweiß: Es enthält keine oder nur geringe Mengen an gesättigten Fetten, Cholesterin und Purinen.

Die bunte Welt der Hülsenfrüchte

Zwei kulinarische Wellen haben die etwas vernachlässigten Hülsenfrüchte wieder zurück in die Küche gebracht: die zunehmende Beliebtheit der asiatischen Küche, in der Hülsenfrüchte eine wichtige Rolle spielen, und der Siegeszug der vegetarischen und veganen Ernährung. Auch unter Fleischliebhabern gibt es einen starken Trend hin zu mehr Gemüse.

Kombiniert mit Gewürzen und Zutaten aus aller Welt, wird die lange unterschätzte Hülsenfrucht heute wieder zur preiswerten Delikatesse. Und bei der großen Auswahl ist auch für jeden Geschmack etwas dabei.

Bohnen

Die Vielfalt der großen Bohnenfamilie zeigt sich in den Hülsenformen und -farben: rund, oval, flach und breit, gelb-, blau- und grünhülsig. In Deutschland werden hauptsächlich Gartenbohnen angebaut, die man isst, bevor die Samen in den zarten Hülsen gereift sind. Ursprünglich stammen die Gartenbohnen aus Mittel- und Südamerika. In Europa verdrängten sie in den letzten Jahrhunderten die einst weitverbreitete Dicke Bohne.

Die bekanntesten Gartenbohnen sind die fleischigen Buschbohnen und die schlanken Stangenbohnen. Sie kommen von Mai bis September aus heimischem Freilandanbau frisch auf den Markt.

- BUSCHBOHNEN
  Sie sind je nach Sorte dunkelgrün oder gelb (dann heißen sie Wachsbohnen). Die Schoten sind 7–11 mm breit und 9–20 cm lang.

Sojabohne

Mit über 4000 verschiedenen Sorten ist die Sojabohne so vielfältig wie kaum eine andere Kulturpflanze. Von allen Hülsenfrüchten haben die Sojabohnen den höchsten Eiweißgehalt – allerdings schmecken sie auch am neutralsten. Der eigentliche Wert der Sojabohne liegt in den aus ihr erzeugten Produkten wie Sojamehl, -öl, -saucen, Tofu, Fleischersatzprodukten, Sojamilch und Sojagetränken.

- STANGENBOHNEN
  Sie sind meist flach, ihre hell- bis dunkelgrünen Schoten je nach Sorte zwischen 1 und 2 cm breit und 12–26 cm lang.

- DICKE BOHNEN
  Sie werden auch Saubohnen, Puffbohnen oder Ackerbohnen genannt und kommen sowohl als Frischgemüse wie als Konserve in die Regale. Die großen Samen haben einen herzhaften, leicht nussigen Geschmack, die Hülsen sind ungenießbar.

Die wichtigsten Bohnen, von denen nur die reifen trockenen Samen angeboten werden, sind:

- BORLOTTI-BOHNEN
  Sie stammen aus Italien. Die Kerne sind rötlich gefleckt und färben sich beim Kochen grünlich.

- FLAGEOLET-BOHNEN
  Sehr zart und aromatisch, aus Frankreich.

- CANELLINI-BOHNEN
  Sie kommen aus der Toskana. Die weißen, mehligkochenden Kerne eignen sich besonders gut für deftige Suppen und Eintöpfe.

- KIDNEY-BOHNEN
  Sie werden auch Indianerbohnen genannt, mit dunkelroten, süßlichen, mehligkochenden Kernen. Angebaut wird diese Sorte vor allem in den USA und sie ist unverzichtbarer Bestandteil der Tex-Mex-Küche.

- SCHWARZE BOHNEN
  Sie schmecken würzig-süßlich und verlieren beim Garen Farbe. Sie spielen in der lateinamerikanischen Küche eine große Rolle.

- WACHTEL- ODER PINTO-BOHNEN
  Die beige gesprenkelten Kerne ähneln Wachteleiern. Beim Garen werden sie leicht rosa.

Erbsen

Frische Erbsen kommen in unseren Breiten vor allem im Juni und Juli auf den Markt. Sie werden im Gemüsehandel in drei Gruppen unterteilt:

- MARKERBSEN
  Diese Erbsensorte hat größere, kantige Samenkörner. Jung geerntet, schmecken sie zart, saftig und süßlich. Zum Trocknen sind sie nicht geeignet, da sie beim Kochen nicht weich werden.

- SCHAL- ODER PALERBSEN
  Die glatten grünen Körner haben einen hohen Stärkegehalt. Sie schmecken leicht mehlig und sind nicht so süß wie die Markerbsen.

Zuckerschoten sind besonders zart und können, wenn sie noch ganz jung sind, sogar roh verzehrt werden.

- ZUCKERSCHOTEN
  Sie werden auch Zuckererbsen oder Kaiserschoten genannt. Die Form der Körner zeichnet sich zart auf der Hülse ab. Sie werden jung und unreif geerntet und mit der Schote gegessen.

Linsen

Linsen werden ohne Sortennamen nach Größe verkauft, dabei gilt die Regel: Je kleiner die Linse, desto aromatischer ist ihr Geschmack. Denn die für den feinen Geschmack der Linse verantwortlichen Aromastoffe sitzen in der Schale.

In Deutschland ist die braune Tellerlinse am bekanntesten. Sie eignet sich besonders gut für Suppen und Eintöpfe. Aus dem französischen Le Puy kommen die grün gesprenkelten, leicht nussig schmeckenden Lentilles Vertes und die winzigen schwarzen Belugalinsen, die ihren Namen der Tatsache verdanken, dass sie äußerlich den edlen Fischeiern ähneln.

Kichererbsen

Nur dem Namen nach zu den Erbsen gehören die Kichererbsen. Sie stammen ursprünglich aus Asien und wurden dort bereits 7000 Jahre v. Chr. kultiviert. Die bis zu einem Meter hohe, einjährige Pflanze hat relativ kurze Hülsen, die normalerweise zwei unregelmäßig geformte gelbe, rote oder schwarze Samen enthalten.
Kichererbsen gehören in Südeuropa, Indien, Nordafrika und allen arabischen Ländern zu den Grundnahrungsmitteln. Bei uns werden vorwiegend die haselnussgroßen beigefarbenen getrockneten Samen angeboten. Mit ihrem intensiven, leicht nussigen Geschmack eignet sich die Kichererbse für viele Gerichte. Dank ihres hohen Anteils an Fetten, Vitaminen und Eiweiß ist sie eine der nährstoffreichsten Hülsenfrüchte.

Vom Einkauf bis zur Zubereitung

Für alle Hülsenfrüchte gilt: so frisch wie möglich kaufen. Frische grüne Bohnen und Erbsenschoten müssen prall und glatt sein. Je kleiner die Erbsen, desto süßer ihr Geschmack. Im Lauf ihres Wachstums wandelt sich der Zucker in Stärke um. Deshalb schmecken die reifen getrockneten Erbsen herb, wobei die gelben Sorten süßer und milder sind als die grünen.

Getrocknete Hülsenfrüchte sind zwar im Prinzip jahrelang genießbar, doch büßen sie mit zunehmendem Alter an Qualität ein und brauchen beim Kochen länger, bis sie weich sind. Bohnen, Erbsen und Linsen, die stumpf oder sogar schrumpelig und rissig sind, kann man aber noch für Suppen verwenden und nach dem Garen pürieren.

Will man die Samen im Ganzen verwenden, sollten sie möglichst von der letzten Ernte sein – erkennbar an einer glatten, seidig glänzenden Oberfläche. Nur dann können sie „auf den Punkt" gekocht werden: gar, aber noch knackig und bissfest.

Die reifen Samen der Hülsenfrüchte enthalten wie viele Pflanzen von Natur aus Giftstoffe, die sie vor dem Gefressenwerden schützen sollen. Erst durch Erhitzen oder längeres Kochen werden diese Substanzen abgebaut oder so weit inaktiviert, dass sie unserer Gesundheit nicht mehr schaden können. Deshalb sollte man alle Leguminosen mit Ausnahme von rohen grünen Erbsen nur gekocht oder blanchiert genießen.

Für alle getrockneten Hülsenfrüchte gilt: immer in kaltem Wasser aufsetzen, langsam zum Kochen bringen und erst gegen Ende der Garzeit salzen, denn Salz verzögert das Weichwerden.

EINLEITUNG

Deftige Suppen

Erbsensuppe

FÜR 4 PORTIONEN
1 EL Olivenöl
1 große oder 2 kleine Lauchstangen, nur den weißen Teil, in Ringen
2 Knoblauchzehen, fein gehackt
875 ml selbst zubereitete oder fertige salzarme Hühner- oder Gemüsebrühe
600 g Tiefkühlerbsen
20 g frische Minze, gehackt
125 g fettarmer Naturjoghurt, plus 4 EL zum Garnieren
frisch gemahlener schwarzer Pfeffer

Zum Garnieren
Sumak oder Paprikapulver,

ZUBEREITUNGSZEIT
20 Minuten

1 Das Öl bei mittlerer Hitze in einem großen Topf erhitzen. Den Lauch zufügen und unter gelegentlichem Rühren 8 Minuten dünsten, bis er weich ist. Dann den Knoblauch zufügen und 1 Minute mitdünsten.

2 Die Brühe zugießen und aufkochen. Dann die Hitze reduzieren und alles zugedeckt 5 Minuten köcheln lassen. Die Erbsen zufügen, die Suppe erneut aufkochen, abermals die Hitze reduzieren und alles erneut zugedeckt 5 Minuten köcheln lassen. Den Topf vom Herd nehmen und die Suppe ca. 10 Minuten leicht abkühlen lassen.

3 Die Minze und 125 g Joghurt zufügen und die Suppe mit einem Pürierstab oder portionsweise in einem Mixer oder einer Küchenmaschine pürieren. Anschließend, falls erforderlich, in den Topf zurückgeben, pfeffern und noch einmal kurz erwärmen, aber nicht mehr aufkochen.

4 Die fertige Suppe auf Servierschalen verteilen, mit je 1 EL Joghurt garnieren, mit Sumak oder Paprikapulver bestreuen und servieren.

Der gute Tipp
Mischen Sie bei der Verwendung salzarmer Brühe die Flüssigkeit 1:1 mit Wasser, um den Salzgehalt noch stärker zu reduzieren.

Feine Linsensuppe mit Röstzwiebeln

FÜR 4 PORTIONEN

20 g Butter
3 Zwiebeln, 1 in kleine Würfel, 2 in Ringe geschnitten
1 Bund Suppengrün, in kleine Würfel geschnitten
200 g geschälte rote Linsen, verlesen
1 l heiße Gemüsebrühe
250 ml Milch
Salz und schwarzer Pfeffer
¼ TL gemahlener Kreuzkümmel
½ TL scharfes Paprikapulver
1–2 EL Zitronensaft

ZUBEREITUNGSZEIT
45 Minuten

1 Die Hälfte der Butter in einem großen Topf erhitzen, die Zwiebelwürfel darin glasig dünsten. Suppengrün zugeben und unter Rühren 4 Minuten andünsten. Linsen zufügen und kurz mitdünsten.

2 Die Brühe angießen und alles aufkochen. Die Suppe zugedeckt bei mittlerer Hitze 25 Minuten köcheln lassen.

3 In der Zwischenzeit die restliche Butter (1 EL) in einer beschichteten Pfanne erhitzen. Die Zwiebelringe darin bei mittlerer Hitze goldbraun braten.

4 Die fertige Suppe mit dem Stabmixer pürieren oder durch ein feinmaschiges Sieb streichen. Die Milch zugießen und die Suppe nochmals erhitzen. Mit Salz, Pfeffer, Kreuzkümmel, Paprika und Zitronensaft abschmecken. Auf vorgewärmte Suppenteller oder Schalen verteilen und geröstete Zwiebelringe daraufgeben. Servieren.

Der gute Tipp

Weil rote Linsen im Gegensatz zu den gängigen Hülsenfrüchten nur eine kurze Garzeit haben, sind sie eine ideale schnelle Beilage. Servieren Sie rote Linsen einmal anstelle von Reis zu Huhn oder Fisch. Beachten Sie die angegebene Garzeit auf der Packung, damit die Linsen nicht zerfallen.

Würzige Erbsensuppe

FÜR 6 PORTIONEN

2 TL Olivenöl
1 große Zwiebel, fein gehackt
3 Knoblauchzehen, gehackt
2 Möhren, längs halbiert und in dünne Scheiben geschnitten
110 g geschälte Erbsen
2 EL Tomatenmark
1 TL Salz
½ TL Pfeffer
½ TL Salbei, gerebelt
1 l Wasser
80 g Suppennudeln
60 g geriebener Parmesan

ZUBEREITUNGSZEIT
70 Minuten

1 Das Öl in einem beschichteten Schmortopf heiß werden lassen. Zwiebel und Knoblauch unter Rühren etwa 7 Minuten darin anbraten. Möhrenscheiben zugeben und weitere 5 Minuten mitdünsten.

2 Erbsen, Tomatenmark, Salz, Pfeffer, Salbei und Wasser hinzufügen, unterrühren und aufkochen lassen. Die Hitze reduzieren und alles etwa 30 Minuten zugedeckt köcheln lassen.

3 Den Deckel abnehmen, die Suppennudeln unterrühren und etwa 15 Minuten kochen, bis die Nudeln gar und die Erbsen weich sind. Mit Parmesan bestreut servieren.

Der gute Tipp

Diese Suppe können Sie bis Schritt 3 schon im Voraus zubereiten und kühl gestellt aufbewahren. Bevor Sie die Nudeln zugeben, sollten Sie die Suppe kurz kochen lassen.

Möhren zu Zwiebeln und Knoblauch in den Topf geben.

Die Erbsen unter das gekochte Gemüse rühren.

Die Nudeln in den letzten 15 Kochminuten dazugeben.

DEFTIGE SUPPEN 17

Rote-Linsen-Suppe

FÜR 2 PORTIONEN

2 EL Olivenöl
1 rote Zwiebel, gewürfelt
3 Knoblauchzehen, zerdrückt
1 ¼ EL Kurkumapulver
3 cm frischer Ingwer, gehackt
250 g rote Linsen
625 ml selbst zubereitete oder fertige salzarme Gemüsebrühe

Zum Garnieren
frische Korianderblätter

ZUBEREITUNGSZEIT
40 Minuten

1 Das Öl bei geringer Hitze in einem großen Topf erwärmen. Zwiebel, Knoblauch, Kurkuma und Ingwer darin 10 Minuten weich dünsten.

2 Linsen und Brühe zufügen und alles aufkochen. Die Hitze reduzieren, bis die Flüssigkeit nur noch leicht köchelt. Den Topf zudecken und alles 20 Minuten garen, bis die Linsen weich sind. Wird die Suppe dabei zu dickflüssig, mehr Wasser zugeben.

3 Die Suppe mit einem Pürierstab, in einem Mixer oder einer Küchenmaschine pürieren. Auf Schalen verteilen, mit Koriander garnieren und servieren.

Scharfe marokkanische Bohnensuppe

FÜR 4 PORTIONEN ALS
HAUPTGERICHT
ODER
FÜR 6 PORTIONEN ALS
VORSPEISE

200 g Cannellini- oder Perlbohnen aus der Dose
400 g Kichererbsen aus der Dose
150 g Zwiebeln, gehackt
150 g Tomaten, geschält und klein geschnitten
2 EL Zitronensaft
1 TL Kreuzkümmel, frisch gemahlen
1 TL Kurkuma
50 g Reisnudeln
2 EL frischer Koriander, gehackt
1–2 TL Harissa
Salz und schwarzer Pfeffer

Zum Garnieren
frische Korianderstängel

ZUBEREITUNGSZEIT
45 Minuten

1 Die Bohnen und die Kichererbsen in ein Sieb geben, abspülen und abtropfen lassen. Zusammen mit Zwiebeln, Tomaten, Zitronensaft, Kreuzkümmel und Kurkuma in einen großen Topf geben. 1¾ l Wasser zugeben, aufkochen und bei kleiner Hitze 30 Minuten köcheln lassen.

2 Die Reisnudeln in die Suppe einrühren und 5 Minuten mitkochen. Gehackten Koriander und Harissa unterrühren und mit Salz und Pfeffer abschmecken.

3 Die Suppe auf vorgewärmte Portionsteller verteilen und vor dem Servieren mit Korianderstängeln garnieren.

Der gute Tipp

Harissa ist in großen Supermärkten erhältlich und kann zum Würzen vieler Gerichte verwendet werden; als Ersatz kommt Tabasco infrage. Cannellini-Bohnen können auch durch kleine weiße Bohnen ersetzt werden.

Weiße Bohnensuppe

FÜR 2 PORTIONEN

2 EL Olivenöl
1 große Zwiebel
3 Knoblauchzehen
400 g weiße oder Cannellini-Bohnen aus der Dose, abgespült und abgetropft
2 große frische Rosmarinzweige
125 ml salzarme Gemüsebrühe, Milch oder Wasser

Zum Garnieren
geriebener Parmesan oder Gouda
frisch gemahlener schwarzer Pfeffer

ZUBEREITUNGSZEIT
25 Minuten

1 Das Öl in einem Topf erhitzen. Darin Zwiebel und Knoblauch bei geringer Hitze 10 Minuten dünsten.

2 Zwiebel und Knoblauch mit der Hälfte der Bohnen in einem Mixer oder einer Küchenmaschine pürieren.

3 Die Mischung in den Topf zurückgeben. Restliche Bohnen, Rosmarin und Brühe, Milch oder Wasser zufügen und alles 5 Minuten köcheln lassen, bis sich das Rosmarinaroma entfaltet. Wird die Suppe dabei zu trocken oder dickflüssig, mehr Wasser zugeben.

4 Die fertige Suppe auf Portionsschalen verteilen, mit Parmesan oder Gouda und etwas schwarzem Pfeffer garnieren und servieren.

Bohnencremesuppe mit Tomatenwürfelchen

FÜR 4 PORTIONEN

100 g getrocknete weiße Bohnenkerne
1 weiße Zwiebel, gewürfelt
1 Bund Suppengrün, klein geschnitten
1 Kräutersträußchen (Petersilie, Thymian, Lorbeerblatt)
1 EL Olivenöl
50 g magerer Räucherspeck, gewürfelt
5 Schalotten, gewürfelt
750 ml Gemüsebrühe, mehr nach Bedarf
weißer Pfeffer
Salz
1 EL gehackte Petersilie
1 TL gehacktes Bohnenkraut
2 Tomaten, gehäutet und gewürfelt

ZUBEREITUNGSZEIT
105 Minuten

1 Bohnen mit Wasser bedecken und über Nacht einweichen. Anschließend abtropfen lassen und in einen großen Topf geben.

2 Zwiebelwürfel, Suppengrün und Kräutersträußchen zu den Bohnen geben. Alles mit Wasser bedecken und aufkochen. Schaum, der sich dabei auf der Oberfläche bildet, abschöpfen. Bohnen zugedeckt bei schwacher Hitze etwa 1 1/2 Stunden kochen.

3 Die weich gekochten Bohnen abgießen. Kräutersträußchen entfernen. Olivenöl in einem weiten Topf erhitzen, Speck- und Schalottenwürfel darin kurz braten.

4 Die Bohnen und das Suppengemüse durch ein Sieb zu Speck und Schalotten streichen. Die Brühe unter Rühren zugießen. Die Suppe mit Pfeffer und Salz abschmecken und unter Rühren aufkochen.

5 Die Suppe auf Teller verteilen. Mit gehackten Kräutern und Tomatenwürfeln bestreuen und servieren.

Der gute Tipp

Verwenden Sie ruhig Bohnen aus der Dose anstelle der getrockneten Kerne, wenn Sie die Suppe spontan zubereiten möchten – der Nährwert ändert sich dadurch nicht. Der abgetropfte Inhalt einer kleinen Dose genügt. Wenn Sie die Suppe etwas dicker mögen, können Sie natürlich auch mehr Bohnen verwenden.

Aus den Zutaten können Sie auch eine Bohnenpaste herstellen, die sich zum Dippen für Rohkost oder als Brotaufstrich eignet. Dafür benötigen Sie jedoch 200 g getrocknete Bohnenkerne und nur 250 ml Gemüsebrühe.

Den Schaum, der sich auf der kochenden Flüssigkeit bildet, mit einem Schaumlöffel oder Löffel abschöpfen

Die weich gekochten Bohnen durch ein Sieb zu den angebratenen Speck- und Schalottenwürfeln passieren.

DEFTIGE SUPPEN

Erbsensuppe mit Schinken

FÜR 4 PORTIONEN

2 TL Olivenöl

1 große Zwiebel, gewürfelt

750 ml Hühner- oder Gemüsebrühe

400 g TK-Erbsen

200 g gekochter Schinken am Stück, gewürfelt

100 g fettreduzierter Frischkäse

½ TL frisch geriebene Muskatnuss

ZUBEREITUNGSZEIT

20 Minuten

1 Das Öl in einem großen Topf heiß werden lassen. Die Zwiebelwürfel darin unter gelegentlichem Rühren in 5–6 Minuten weich und glasig dünsten.

2 Die Brühe mit den Erbsen zugeben. Aufkochen und zugedeckt 5 Minuten köcheln lassen.

3 Die Suppe in der Küchenmaschine oder mit dem Stabmixer direkt im Topf grob pürieren. Den Schinken unterrühren. Die Suppe abschmecken und im Topf aufkochen lassen.

4 Den Frischkäse zufügen und rühren, bis er schmilzt. Die Suppe auf tiefe Teller verteilen, mit Muskat bestreuen und servieren.

Der gute Tipp

Sie können die Suppe bis einschließlich Schritt 3 zubereiten, in einen gefriergeeigneten verschließbaren Behälter füllen und einfrieren. Im Tiefkühlgerät hält sie sich 1 Monat.

Linsensüppchen mit Zitronen

FÜR 4 PORTIONEN

1 EL Olivenöl
3 Knoblauchzehen, grob gehackt
250 g Zwiebeln, grob gewürfelt
250 g rote Linsen, gewaschen und abgetropft
1 ¼ l Geflügel- oder Gemüsebrühe
1 TL Koriander
½ TL Kreuzkümmel
Saft einer Zitrone
4 dünne Scheiben einer unbehandelten Zitrone
Salz und schwarzer Pfeffer

ZUBEREITUNGSZEIT
40 Minuten

1 Das Olivenöl in einem Topf mit schwerem Boden erhitzen. Knoblauch und Zwiebeln zugeben und bei mittlerer Hitze 6–7 Minuten bräunen, dabei häufig umrühren, damit nichts anbrennt.

2 Linsen dazugeben und 1–2 Minuten schmoren. Mit Brühe aufgießen und aufkochen. Den Deckel schließen und die Suppe bei mittlerer Hitze 15–20 Minuten köcheln lassen, bis die Linsen fast weich sind.

3 Eine Pfanne mit Antihaftbeschichtung erhitzen. Koriander- und Kümmelsamen 1–2 Minuten darin rösten, bis sich das Aroma entfaltet, und sofort in die Suppe geben.

4 Suppe aufkochen, Zitronensaft und Zitronenscheiben hinzugeben. Mit Salz und Pfeffer abschmecken und 5 Minuten köcheln lassen. Vor dem Servieren noch etwas schwarzen Pfeffer über die Suppe mahlen.

Die Frühlingszwiebeln (nur die weißen Teile) fein hacken.

Das mit der sauren Sahne gemischte Erbsenpüree mit dem Stabmixer schaumig aufschlagen.

Kalte Erbsensuppe mit Minze

FÜR 4 PORTIONEN

4 Stängel frische Minze
750 ml kalte Gemüsebrühe
1 EL Olivenöl
2 Frühlingszwiebeln (nur die weißen Teile), fein gehackt
300 g TK-Erbsen
Salz
weißer Pfeffer
150 g saure Sahne
4 Scheiben knuspriges Bauernbrot

ZUBEREITUNGSZEIT

35 Minuten

1 Die Blätter von den Minzestängeln zupfen und fein hacken. Stängel und Blätter in eine Schüssel oder in einen Topf geben und mit der Brühe begießen. 30 Minuten ziehen lassen, dann die Stängel herausfischen.

2 Das Öl in einem großen Topf erhitzen. Frühlingszwiebeln hineingeben und unter Rühren glasig werden lassen. Die gefrorenen Erbsen zugeben und unter Rühren weich werden lassen.

3 Die Minzebrühe zu Erbsen und Zwiebeln gießen und aufkochen. Alles etwa 20 Minuten bei schwacher Hitze köcheln lassen, bis die Erbsen sehr weich sind. Die Suppe abkühlen, dann im Kühlschrank auskühlen lassen.

4 Die kalte Suppe durch ein Sieb streichen oder portionsweise im Mixer oder in der Küchenmaschine pürieren. Mit Salz und Pfeffer abschmecken; saure Sahne unterrühren und die Suppe mit dem Stabmixer schaumig aufschlagen.

Schwarze-Bohnen-Suppe mit grüner Paprika

FÜR 4 PORTIONEN

2 TL Pflanzenöl
1 grüne Paprikaschote, gewürfelt
2 Frühlingszwiebeln, in Scheiben geschnitten
3 Knoblauchzehen, fein gehackt
600 g schwarze Bohnen aus der Dose, abgespült und abgetropft
375 ml Hühnerbrühe
je 1 TL gemahlener Koriander und Kreuzkümmel
2 EL saure Sahne
1 Tomate, gewürfelt

ZUBEREITUNGSZEIT
20 Minuten

1 In einem mittelgroßen Topf das Öl auf mittlerer Stufe erhitzen. Darin Paprika, Frühlingszwiebeln und Knoblauch in etwa 2 Minuten weich dünsten. Bohnen, Brühe, Koriander und Kreuzkümmel zufügen. Alles aufkochen, dann auf kleinerer Stufe 5 Minuten köcheln lassen.

2 Die Hälfte der Suppe glatt pürieren. Zurück in den Topf zur übrigen Suppe geben und alles nochmals gründlich durchwärmen. In einzelne Schalen füllen. Jede Portion mit 1 Klecks saurer Sahne und einigen Tomatenwürfeln garnieren.

Rote-Linsen-Suppe mit Kreuzkümmel

FÜR 2 PORTIONEN

1 Schalotte
1 Knoblauchzehe
½ Stange Sellerie
1 Möhre
50 g rote Linsen
3 EL Olivenöl
½ EL Tomatenmark
400 ml Gemüsebrühe
1 TL Zitronensaft
½ EL Kreuzkümmel
1 TL Weißwein- oder Obstessig
2 Zweige Minze
Salz
schwarzer Pfeffer aus der Mühle

ZUBEREITUNGSZEIT
30 Minuten

1 Schalotte und Knoblauch schälen, beides fein hacken. Die Selleriestange waschen, putzen und klein schneiden. Die Möhre putzen, schälen und raspeln. Die Linsen in einem Sieb mit kaltem Wasser abbrausen.

2 In einem Topf 2 EL Öl erwärmen. Schalotten, Knoblauch und Sellerie darin etwa 3 Minuten dünsten. Etwa 2 EL von der Mischung herausnehmen und beiseitestellen.

3 Das Tomatenmark zur Schalotten-Knoblauch-Mischung in den Topf geben und mitdünsten. Linsen, Gemüsebrühe und Möhrenraspel hinzufügen. Unter gelegentlichem Rühren die Linsen etwa 15 Minuten köcheln lassen.

4 Inzwischen den Kreuzkümmel im restlichen Öl (1 EL) rösten. Abkühlen lassen und den Essig untermischen. Minze waschen und trocken schwenken. Blätter abzupfen und grob hacken.

5 Die Linsensuppe mit Salz und Pfeffer abschmecken und auf zwei vorgewärmte Teller verteilen. Mit der beiseitegestellten Schalotten-Knoblauch-Mischung und der Minze garnieren und mit der Kreuzkümmel-Öl-Mischung beträufeln.

Erbsen-Fenchel-Suppe mit Minze

FÜR 4 PORTIONEN

600 g Fenchel, klein geschnitten

500 g Erbsen, frisch oder tiefgefroren

900 ml Gemüsebrühe

3 TL frische Minze, gehackt

Salz und schwarzer Pfeffer

Zum Garnieren:

kleine Salatblätter, beispielsweise Eichblattsalat, und ein paar Stängel frische Kräuter (Kerbel und Minze)

ZUBEREITUNGSZEIT

30 Minuten

1 Fenchel, Erbsen und Brühe in einem großen Topf zum Kochen bringen. Anschließend bei geschlossenem Deckel 20 Minuten köcheln, bis der Fenchel weich ist.

2 Die gehackte Minze zufügen und nochmals eine Minute kochen.

3 Eine Tasse Gemüse abschöpfen, und die Suppe mit dem Pürierstab oder der Küchenmaschine pürieren.

4 Das beiseite gestellte Gemüse in die Suppe geben und erhitzen. Mit Salz und Pfeffer abschmecken. Die einzelnen Portionen vor dem Servieren mit Salatblättern und Kräutern garnieren.

Würzige Tomaten-Linsen-Suppe

FÜR 4 PORTIONEN

60 g getrocknete Porcini oder Shiitake-Pilze
240 ml heißes Wasser
1 EL Olivenöl
1 große Zwiebel, fein gehackt
3 Knoblauchzehen, gehackt
420 g Tomatenfruchtfleisch in Stücken mit Saft
1 TL Ingwer, gemahlen
1 TL Estragon
¾ TL Salz
480 ml Wasser
100 g Linsen, abgespült

ZUBEREITUNGSZEIT
65 Minuten

1 Die Pilze in einer kleinen Schüssel mit dem heißen Wasser etwa 20 Minuten einweichen, dann aus der Einweichflüssigkeit herausfischen. Die Flüssigkeit durch ein feines Sieb gießen und beiseite stellen. Die Pilze in kleine Stücke schneiden.

2 Inzwischen das Öl in einem großen Topf bei mittlerer Hitze heiß werden lassen. Zwiebeln und Knoblauch etwa 7 Minuten unter Rühren darin anbraten.

3 Pilze, Einweichflüssigkeit, Tomaten samt Saft sowie Ingwer, Estragon, Salz und Wasser dazurühren. Die Linsen zugeben und alles aufkochen lassen. Die Hitze reduzieren und die Suppe etwa 30 Minuten köcheln lassen, bis die Linsen weich sind. Das Rezept kann schon im Voraus zubereitet werden. Falls die Suppe zu dickflüssig ist, einfach noch ein wenig Wasser zugeben.

Die eingeweichten Pilze aus dem Einweichwasser herausfischen.

Die weichen Pilze mit einem Küchenmesser klein schneiden

Die Linsen zur Suppe geben und zugedeckt so lange kochen, bis sie weich sind.

Köstliche Salate

Linsensalat mit gerösteten Zwiebeln

FÜR 4 PORTIONEN
400 g Puy- oder Berglinsen
1 kleiner Zweig Rosmarin
1 kleines Lorbeerblatt
3 gegarte Pellkartoffeln vom Vortag
2 Fleischtomaten
1 Knoblauchzehe
2 EL Rotwein-Kräuter-Essig
1 EL Zitronensaft
2 EL Olivenöl
Salz
schwarzer Pfeffer aus der Mühle
½ TL Kreuzkümmelpulver
1 TL abgeriebene Zitronenschale
½ Bund glatte Petersilie
2 große weiße Zwiebeln
2 EL Sonnenblumenöl

ZUBEREITUNGSZEIT
35 Minuten

1 Die Linsen in einen Topf geben, mit reichlich Wasser bedecken. Den Rosmarinzweig und das Lorbeerblatt zugeben, alles aufkochen. Die Linsen in 40–50 Minuten weich kochen, im Sud abkühlen lassen. Abgießen, den Sud auffangen. Rosmarin und Lorbeer entfernen.

2 Kartoffeln pellen und in Würfel schneiden. Tomaten waschen, halbieren und von den Stielansätzen befreien. Das Fruchtfleisch würfeln. Die Knoblauchzehe abziehen und durch die Presse in eine große Schüssel drücken.

3 Essig, Zitronensaft, Olivenöl, 2–3 EL der Linsen-Kochflüssigkeit sowie Salz, Pfeffer, Kreuzkümmel und Zitronenschale zum Knoblauch in die Schüssel geben. Alles verrühren, bis sich das Salz aufgelöst hat. Linsen, Kartoffeln und Tomaten untermischen, den Salat zugedeckt 1 Stunde kühl stellen und durchziehen lassen.

4 Die Petersilie waschen, trocken schütteln und die Blätter fein hacken. Die Zwiebeln abziehen und in dünne Ringe schneiden. Das Öl in einer Pfanne erhitzen, die Zwiebelringe darin goldbraun rösten, mit Salz und Pfeffer würzen.

5 Den Salat mit Salz, Pfeffer und Essig abschmecken und die Petersilie untermischen. Den Salat in Portionsschälchen füllen und die gerösteten Zwiebelringe darauf verteilen. Zu dem Linsensalat passt geräucherter Schinken oder Kasseler mit herzhaftem Brot.

KÖSTLICHE SALATE

Salat mit zweierlei Erbsen und Kerbeldressing

FÜR 4 PORTIONEN
Salz
150 g Zuckerschoten
300 g TK-Erbsen
1 Handvoll Kerbel
½ unbehandelte Zitrone
200 g Joghurt
Zucker
frisch gemahlener Pfeffer
4 Scheiben gekochter Schinken
 (je 30 g)
100 g Edamer, in Scheiben

ZUBEREITUNGSZEIT
20 Minuten

1 In einem Topf 500 ml leicht gesalzenes Wasser aufkochen. Die Zuckerschoten und die Erbsen hineingeben; einmal aufkochen lassen, dann 2 Minuten im offenen Topf bei schwacher Hitze garen.

2 Das Gemüse in ein Sieb abgießen, kalt abschrecken und gut abtropfen lassen. Erbsen und Zuckerschoten auf einer dicken Lage Küchenpapier ausbreiten und trocknen lassen.

3 In der Zwischenzeit den Kerbel waschen und trocken schütteln; die Blätter von den dicken Stielen zupfen und fein hacken – Sie benötigen 2–3 EL fein gehackten Kerbel.

4 Für das Dressing von der Zitrone die Schale abreiben und den Saft auspressen. Den Joghurt mit 2 EL Zitronensaft, 1 TL Zitronenschale und dem Kerbel verrühren. Die Sauce mit Salz, Zucker und Pfeffer abschmecken.

5 Schinken und Käse in Würfel schneiden. Erbsen und Zuckerschoten mit den Schinken- und Käsewürfeln auf Tellern oder in Schalen anrichten. Das Kerbel-Dressing gleichmäßig auf die Salatportionen verteilen; sofort servieren.

Der gute Tipp

Clever vorbereiten
Gemüse, Schinken, Käse und Dressing für diesen Salat können Sie gut vorbereiten. Erst kurz vor dem Servieren die Salatportionen auf den Tellern anrichten und mit dem Dressing beträufeln.

So geht's noch schneller
Für das Dressing können Sie auch eine TK-Kräutermischung anstelle des frischen Kerbels verwenden.

Kichererbsensalat mit Feta

FÜR 4 PORTIONEN
Blätter von 2 Kopfsalatherzen
4 gehackte reife Tomaten
1 grüne Paprikaschote, geputzt, in 1 cm große Stücke geschnitten
1 kleine rote Zwiebel, in dünne Scheiben geschnitten
1 kleine Salatgurke, in mundgerechte Stücke geschnitten
400 g Kichererbsen aus der Dose, abgespült und abgetropft
60 g entsteinte schwarze Oliven, vorzugsweise griechische Kalamata-Oliven
150 g fein gewürfelter Feta

Für das Petersilie-Senf-Dressing
3 EL natives Olivenöl extra
1 ½ EL Zitronensaft
1 TL Dijon-Senf
3 EL gehackte Petersilie
Pfeffer, nach Geschmack

ZUBEREITUNGSZEIT
20 Minuten

1 Alle Zutaten für das Dressing in eine Schüssel geben (Salz ist nicht nötig, da der Käse sehr würzig ist) und mischen.

2 Salatblätter, Tomaten, Paprika, Zwiebel, Gurke, Kichererbsen und Oliven zufügen. Mischen, bis alles mit dem Dressing überzogen ist.

3 Die Feta-Würfel über den Salat streuen und kurz unterheben. Den Salat sofort servieren.

Der gute Tipp

Bereiten Sie einmal einen Ziegenkäse-Linsen-Salat auf orientalische Art zu. Dafür 250 g Puy-Linsen 25 Minuten oder nach Packungsanweisung in siedendem Wasser weich garen. Abgießen, dann abtropfen und etwas abkühlen lassen. In einer Schüssel 6 EL Vinaigrette mit 1 ½ TL gemahlenem Kreuzkümmel und 2 EL gehacktem Koriandergrün würzen. Die Linsen zugeben und alles gut vermischen. 1 rote Zwiebel in Scheiben schneiden, 4 Eiertomaten fein würfeln und 1 große Möhre raspeln. Alles unter die Linsen heben. Eine Schüssel mit kleinen Salatblättern auslegen und den Salat daraufgeben. 150 g Ziegenfrischkäse darüberbröckeln und servieren.

KÖSTLICHE SALATE 47

Bunter Bohnensalat

FÜR 4 PORTIONEN
60 ml roter Traubensaft
3 EL Ketchup
2 EL Rotweinessig
4 TL Dijon-Senf
2 TL Olivenöl
¾ TL Salz
¾ TL Ingwer, gemahlen
1 große rote Zwiebel, in feine Ringe geschnitten
450 g grüne frische Bohnen, in 5 cm lange Stücke geschnitten
250 g rote Bohnenkerne (aus der Dose), abgespült und abgetropft
250 g weiße Bohnenkerne (aus der Dose), abgespült und abgetropft

ZUBEREITUNGSZEIT
25 Minuten

1 Traubensaft, Ketchup, Essig, Senf, Öl, Salz und Ingwer in einer großen Schüssel zu einem Dressing anrühren. Die Zwiebelringe unterrühren und ziehen lassen.

2 Inzwischen die grünen Bohnen in einem Dämpfeinsatz über kochendem Wasser etwa 4 Minuten bissfest dämpfen. Zu den Zwiebeln in das Dressing geben, vermischen und abkühlen lassen.

3 Die roten und weißen Bohnen vorsichtig unterheben und alles gut vermischen. Bei Raumtemperatur oder gekühlt servieren.

Der gute Tipp

Dieses Rezept können Sie auch in größeren Mengen zubereiten, denn es eignet sich sehr gut als Party- oder Picknickgericht. Für acht Personen z. B. verdoppeln Sie einfach die Zutatenmenge.

Das Salatdressing anrühren, dann die Zwiebelringe unter das Dressing mischen.

Die gedämpften Bohnen zu den Zwiebeln geben.

Die roten und weißen Bohnenkerne unter den Salat mischen.

KÖSTLICHE SALATE

50 KÖSTLICHE SALATE

Aromatischer Salat mit dreierlei Bohnen

FÜR 4 PORTIONEN
125 g grüne Bohnen
2 EL Olivenöl
2 EL Weißweinessig
1 TL mildes Currypulver
1 Knoblauchzehe, zerdrückt
1 Dose weiße Bohnen oder rote Kidneybohnen (400 g)
1 Dose Perl- oder Augenbohnen (400 g)
6 Frühlingszwiebeln, in dünne Ringe geschnitten
150 g Mozzarella, gewürfelt
2 große Tomaten, in dünne Scheiben geschnitten
4 EL grob gehackte Petersilie

ZUBEREITUNGSZEIT
25 Minuten

1 Die grünen Bohnen 3–5 Minuten in kochendem Salzwasser garen. In ein Sieb schütten und kalt abspülen, dann abtropfen lassen und in eine große Schüssel füllen.

2 Für das Dressing das Öl mit Essig, Currypulver und Knoblauch sowie $\frac{1}{2}$ TL Meersalzflocken und etwas schwarzem Pfeffer in ein Schraubdeckelglas geben. Das Glas verschließen und schütteln.

3 Die Dosenbohnen in ein Sieb schütten, abspülen und abtropfen lassen. Mit Frühlingszwiebeln und Mozzarella zu den grünen Bohnen geben und alles mit dem Dressing anmachen.

4 Eine Servierplatte mit den Tomatenscheiben auslegen. Den Salat darauf anrichten und mit der Petersilie bestreuen.

Der gute Tipp

Sie können den Salat mit 1 Avocado ergänzen: diese halbieren, schälen, entsteinen, in Stücke schneiden und dann untermischen.

Bunter Linsensalat mit Curry-Kräuter-Dressing

FÜR 4 PORTIONEN
175 g rote Linsen
2 rote Spitzpaprika
100 g Gewürzgurke
2 Wiener Würstchen
3 EL Rotweinessig
1 EL gemischte TK-Kräuter
 (z. B. 8-Kräuter-Mischung)
3 TL mittelscharfer Senf
½ TL mildes Currypulver
Salz
Zucker
5–6 EL Sonnenblumenöl

ZUBEREITUNGSZEIT
25 Minuten

1 Die Linsen in einem Sieb kalt abspülen. In 500 ml Wasser aufkochen und bei schwacher Hitze 7 Minuten garen. In ein Sieb schütten, abtropfen lassen und zum Abkühlen in eine Salatschüssel oder einen großen Pastateller geben.

2 Inzwischen die Paprika von Samen und Trennwänden befreien, waschen und mit Küchenpapier trocken tupfen. In dünne Ringe oder kleine Würfel schneiden. Gewürzgurke und Würstchen in dünne Scheiben schneiden.

3 Den Rotweinessig mit den Kräutern, dem Senf und dem Currypulver verrühren. Mit etwa ¼ TL Salz und Zucker abschmecken; das Öl darunterschlagen.

4 Paprika, Gewürzgurke und Würstchen zu den Linsen in die Salatschüssel oder in den Pastateller geben. Alles mischen; zum Schluss das Curry-Kräuter-Dressing unterziehen. Den Salat sofort servieren.

Der gute Tipp
Zeit sparen Sie bei diesem Salat, wenn Sie 360 g abgetropfte, gegarte Linsen (z. B. Tellerlinsen) aus der Dose statt der rohen roten Linsen verwenden.

KÖSTLICHE SALATE 53

Bohnensalat mit Mais und Tomaten

FÜR 4 PORTIONEN
1 Dose weiße Riesenbohnen (Abtropfgewicht 250 g)
1 Dose rote Kidneybohnen (Abtropfgewicht 250 g)
1 Dose Maiskörner (Abtropfgewicht 140 g)
2 rote Zwiebeln
250 g Cocktailtomaten
4 EL Weißweinessig
frisch gemahlener Pfeffer
1 TL flüssiger Honig
6 EL Olivenöl
3–4 Stängel Basilikum

ZUBEREITUNGSZEIT
25 Minuten

1 Die weißen und roten Bohnen sowie die Maiskörner in ein Sieb schütten, kalt abbrausen, gut abtropfen lassen und in eine Schüssel geben.

2 Die Zwiebeln schälen, halbieren und in feine Streifen schneiden. Die Cocktailtomaten waschen und halbieren. Zwiebeln und Tomaten zu Bohnen und Mais in die Schüssel geben.

3 Den Weißweinessig mit Salz, Pfeffer und Honig verquirlen. Das Olivenöl nach und nach darunterschlagen. Das Dressing über die vorbereiteten Zutaten in der Schüssel gießen und alles vorsichtig vermischen.

4 Die Basilikumblätter abzupfen, in Streifen schneiden und unter den Salat heben. Den Salat mit Salz und Pfeffer abschmecken.

Der gute Tipp

Der Salat ist partytauglich und bietet sich als sättigende Beilage zu gegrilltem Fleisch oder Fisch bestens an. Er lässt sich gut vorbereiten und sollte vor dem Servieren möglichst mindestens 30 Minuten durchziehen.

Extra-Würze
Eine fein gehackte Knoblauchzehe in 1 EL Olivenöl kurz dünsten und mit dem Bratöl unter den Salat heben.

KÖSTLICHE SALATE

Linsen-Apfel-Salat mit Radieschen

FÜR 4 PORTIONEN

160 g Berglinsen
1 Bund Radieschen
2 kleine säuerliche Äpfel (z. B. Elstar)
2 EL Zitronensaft
3 Frühlingszwiebeln
½ Bund Petersilie
4 EL Weißweinessig
2 TL scharfer Dijonsenf
Salz
frisch gemahlener Pfeffer
1 Prise Zucker
6 EL kalt gepresstes Rapsöl

ZUBEREITUNGSZEIT
30 Minuten

1 Die Linsen in einem Sieb kalt abbrausen, mit 500 ml Wasser aufkochen und bei mittlerer Hitze in etwa 20 Minuten bissfest garen.

2 Inzwischen die Radieschen waschen, putzen und in feine Scheiben schneiden. Die Äpfel waschen, vierteln, entkernen und quer in dünne Scheiben schneiden. Sofort mit dem Zitronensaft beträufeln.

3 Die Frühlingszwiebeln waschen, putzen und in feine Ringe schneiden. Die Petersilie waschen und trocken schütteln. Die Blätter abzupfen und hacken.

4 In einer großen Schüssel den Weinessig mit 4 EL Wasser sowie Senf, Salz, Pfeffer und Zucker verrühren. Das Rapsöl nach und nach darunterschlagen. Die Petersilie untermischen.

5 Die Linsen in ein Sieb abgießen, kalt abbrausen und abtropfen lassen. Linsen, Radieschen, Äpfel und Frühlingszwiebeln unter die Vinaigrette in der Schüssel mischen. Den Salat mit Salz und Pfeffer nachwürzen.

Der gute Tipp

Mit Speck
100 g Bacon (Frühstücksspeck) in dünnen Scheiben in einer Pfanne knusprig ausbraten. Das ausgebratene Speckfett unter den Salat heben, die Speckscheiben auf dem Salat anrichten.

Attraktiv anrichten
Besonders dekorativ sieht es aus, wenn Sie Romanasalatblätter auf Tellern anrichten und den Linsensalat darauf verteilen. Nach Belieben mit Frischkäse in Flöckchen bestreuen.

Salat mit schwarzen Bohnen, Gerste und Avocado

FÜR 4 PORTIONEN
250 ml Möhrensaft
½ TL getrockneter Thymian
1 Prise Cayennepfeffer
Salz
100 g Gerstengraupen
1 EL Olivenöl
3 EL frisch gepresster Zitronensaft
1 Dose (560 g) schwarze Bohnen, abgespült und abgetropft
200 g Tomaten, gewürfelt
½ Avocado, Fruchtfleisch gewürfelt

ZUBEREITUNGSZEIT
25 Minuten

1 In einem mittelgroßen Topf den Möhrensaft mit Thymian und Cayennepfeffer verrühren und nach Geschmack salzen. Auf mittlerer Stufe aufkochen, die Gerste einstreuen und bei kleinerer Hitze 15–20 Minuten sanft köcheln lassen, bis sie weich ist. Etwas abkühlen lassen.

2 Inzwischen in einer großen Schüssel Öl und Zitronensaft verquirlen. Die Gerste mitsamt der noch vorhandenen Kochflüssigkeit dazugeben und durchmischen. Bohnen und Tomaten untermengen, dann die Avocadowürfel unterheben. Den Salat raumtemperiert servieren oder bis zu zwei Tage kalt stellen. Vor dem Servieren wieder Raumtemperatur annehmen lassen.

Der gute Tipp
Würzen Sie den Salat zusätzlich mit ¼ TL gemahlenem Kreuzkümmel und/oder 4 EL fein gewürfelten Frühlingszwiebeln.

KÖSTLICHE SALATE

Die Zwiebel längs halbieren. Mit der Schnittseite auf der Arbeitsfläche in Scheiben schneiden

Die geschnittene Zwiebelhälfte um 90 Grad drehen und senkrecht zu den Scheiben in gleich große Würfel schneiden.

Warmer Linsen-Paprika-Salat

FÜR 4 PORTIONEN
720 ml Wasser
200 g braune Berglinsen
1 TL Salz
4 EL Petersilie, frisch gehackt
100 g geröstete, eingelegte Paprikaschoten (aus der Dose), abgespült und in kleine Stücke geschnitten
1 mittelgroße Selleriestange, klein geschnitten
1 rote Zwiebel, in Würfel geschnitten
300 g Tomaten, entkernt und klein geschnitten
2 Knoblauchzehen, klein gehackt
2 EL Zitronensaft
2 EL Olivenöl
¼ TL schwarzer Pfeffer

ZUBEREITUNGSZEIT
70 Minuten

1 Wasser, Linsen und ½ TL Salz in einem großen Topf bei starker Hitze aufkochen. Die Hitze reduzieren und die Linsen zugedeckt etwa 20 bis 30 Minuten köcheln lassen, bis sie gar, aber noch nicht weich sind.

2 Inzwischen Petersilie, Paprika, Sellerie, Zwiebeln, Tomaten, Knoblauch, Zitronensaft, Olivenöl, Pfeffer und das restliche Salz (½ TL) in einer großen Salatschüssel gut vermischen.

3 Die Linsen durch ein Sieb abgießen, in die Salatschüssel geben und alles gut vermengen. Den Linsensalat noch warm servieren.

Bohnensalat mit Thunfisch

FÜR 4 PORTIONEN
1 Dose kleine weiße Bohnen
   (Abtropfgewicht etwa 400 g)
2 Dosen Thunfisch in Öl
   (Abtropfgewicht je 150 g)
2 Tomaten
60 g entsteinte grüne Oliven
1 EL Kapern
100 g Delikatess-Mayonnaise
2 EL Ajvar
2 EL weißer Balsamico-Essig
1 TL getrockneter Oregano
Salz

ZUBEREITUNGSZEIT
20 Minuten

1 Die Bohnen in einem Sieb mit kaltem Wasser abspülen, gut abtropfen lassen und in eine große Salatschüssel füllen. Anschließend den Thunfisch im Sieb abtropfen lassen, mit einer Gabel etwas zerteilen und zu den Bohnen geben.

2 Die Tomaten waschen, von den Stielansätzen befreien und in kleine Stücke schneiden. Die Oliven und die Kapern grob hacken.

3 Die Tomatenstückchen, die gehackten Oliven und die gehackten Kapern mit Bohnen und Thunfisch in der Schüssel vermischen.

4 Die Mayonnaise mit Ajvar, Balsamico-Essig und Oregano verrühren. Die Sauce mit Salz abschmecken und unter den Salat heben.

Der gute Tipp

So geht's noch schneller
Statt große Tomaten in Stückchen zu schneiden 100 g Cocktailtomaten waschen und halbieren; den Salat damit dekorieren.

Das schmeckt dazu
Den Bohnensalat zu geröstetem und mit Knoblauch eingeriebenem Buttertoast oder zu geröstetem Bauernbrot reichen. Der Salat eignet sich auch sehr gut als Füllung für Brötchen oder Pitataschen.

KÖSTLICHE SALATE

Kichererbsensalat mit Roter Bete und Schafskäse

FÜR 4 PORTIONEN

- 1 Dose Kichererbsen (Abtropfgewicht 500 g)
- 400 g gekochte Rote Beten (vakuumiert)
- 1 rote Zwiebel
- 1 Bund Petersilie
- 100 g Schafskäse (z. B. Feta)
- 2 EL Rotweinessig
- 2 EL Zitronensaft
- 1 TL abgeriebene Schale von 1 unbehandelten Zitrone
- Salz
- frisch gemahlener Pfeffer
- 1 TL flüssiger Honig
- 5–6 EL Olivenöl

ZUBEREITUNGSZEIT
25 Minuten

1 Die Kichererbsen in ein Sieb schütten, kalt abspülen und gut abtropfen lassen. Die Roten Beten in etwa 1 cm große Würfel schneiden.

2 Die Zwiebel schälen, halbieren und in feine Streifen schneiden. Die Petersilie waschen und trocken schütteln; die Blätter abzupfen und grob hacken. Den Schafskäse würfeln.

3 In einer Schüssel Rotweinessig und Zitronensaft mit Zitronenschale, Salz, Pfeffer und Honig gründlich verquirlen. Das Olivenöl nach und nach darunterschlagen.

4 Alle vorbereiteten Zutaten (Kichererbsen, Rote Beten, Zwiebeln, Petersilie und Schafskäse) in die Schüssel geben und mit der Vinaigrette vermischen.

Der gute Tipp

Mit Apfel
In Schritt 3 noch einen in dünne Spalten geschnittenen kleinen säuerlichen Apfel (z. B. Elstar) unter den Salat mischen.

Alternative
Anstelle von Petersilie passt auch Dill oder Schnittlauch sehr gut in den Kichererbsensalat.

Den Salat mehrere Stunden vor dem Servieren zubereiten, dann mit Folie bedeckt kühl stellen und ziehen lassen, so entwickelt er ein intensiveres Aroma. Vor dem Servieren nochmals abschmecken.

Bohnensalat mit Knoblauch-Minze-Sauce

FÜR 4 PORTIONEN
750 g Prinzessbohnen
Salz
100 g Crème fraîche
25 g Delikatess-Mayonnaise
2–3 Knoblauchzehen
1 EL Zitronensaft
etwas abgeriebene Schale von
   1 unbehandelten Zitrone
½ TL getrockneter Thymian
Salz
frisch gemahlener Pfeffer
Zucker
6 Pfefferminzblätter
1 rote Zwiebel
400 g Roastbeef, in dünnen
   Scheiben

ZUBEREITUNGSZEIT
25 Minuten

1 In einem Topf Salzwasser aufkochen. Inzwischen von den Bohnen die Stielenden abknipsen. Die Bohnen waschen und in das kochende Salzwasser geben; etwa 10 Minuten offen kochen lassen. In ein großes Sieb abschütten, mit kaltem Wasser abschrecken und gut abtropfen lassen. Zum Abkühlen auf einer großen Salatplatte ausbreiten.

2 Während die Bohnen garen, Crème fraîche und Mayonnaise verrühren. Die Knoblauchzehen schälen und hacken. Mit Zitronensaft, Zitronenschale und Thymian unter die Crème-fraîche-Mischung rühren.

3 Die Salatsauce mit Salz, Pfeffer und Zucker abschmecken. Die Minze waschen und trocken schütteln. Die Blätter in feine Streifen schneiden und unter die Sauce rühren. Die Knoblauch-Minze-Sauce mit den Bohnen vermischen.

4 Die Zwiebel schälen und in feine Ringe schneiden. Die Zwiebelringe über den Salat streuen. Den Bohnensalat auf Teller verteilen und die Roastbeefscheiben dazu anrichten.

Der gute Tipp

So geht's noch schneller
Statt der frischen Bohnen TK-Prinzessbohnen verwenden. Diese gefroren ins kochende Wasser geben, aufkochen und 5 Minuten kochen lassen.

Alternative
Minze gibt es in vielen Sorten. Statt Pfefferminze können Sie auch eine andere Sorte nehmen, probieren Sie einmal Zitronenminze. Wer keine Minze mag oder griffbereit hat, kann die Knoblauchsauce stattdessen auch mit etwas Gartenkresse würzen.

KÖSTLICHE SALATE

Kleine Gerichte und Snacks

Eier mit Erbsen und Linsen

FÜR 4 PORTIONEN
1 EL Sonnenblumenöl
1 Zwiebel, in kleine Würfel geschnitten
2 Knoblauchzehen, in Scheiben geschnitten
2–3 cm frischer Ingwer, geschält und fein gehackt
2 EL Garam Masala
1 EL Tomatenmark
500 g Brokkoli- oder Blumenkohlröschen (oder eine Mischung aus beidem)
Salz, Pfeffer
450 ml Gemüsebrühe
50 g abgespülte rote Linsen
6 Eier
200 g TK-Erbsen
3 EL gehacktes Koriandergrün
grob abgeriebene Schale von 1 Limette; nach Belieben

Zum Garnieren
Limettenschnitze
Koriandergrün

ZUBEREITUNGSZEIT
45 Minuten

1 Das Öl in einem Topf erhitzen. Zwiebel, Knoblauch und Ingwer hineingeben und 3 Minuten braten. Garam Masala und Tomatenmark unterrühren. Alles 1 Minute braten, dann Brokkoli oder Blumenkohl sowie Salz und Pfeffer nach Geschmack zufügen. Die Brühe zugießen. Aufkochen, dann die Linsen zugeben. Bei mittlerer Hitze unter gelegentlichem Rühren zugedeckt 15 Minuten köcheln lassen.

2 Inzwischen die Eier in einen Topf mit kaltem Wasser geben. Das Wasser aufkochen und die Eier in 6 Minuten wachsweich garen. Abgießen und abschrecken. Die Schalen vorsichtig anschlagen. Die Eier vorsichtig schälen.

3 Die ganzen Eier und die Erbsen zur Linsenmischung geben und unterrühren. Alles zugedeckt etwa 5 Minuten köcheln lassen. Nach dieser Zeit sollten die Erbsen gar und die Sauce durch die zerfallenen Linsen gebunden sein.

4 Die Eier mit einem Löffel herausnehmen. Die würzige Gemüsemischung auf vier Teller verteilen. Das gehackte Koriandergrün nach Belieben mit der abgeriebenen Limettenschale mischen und über das Gemüse streuen. Die Eier längs halbieren und auf jede Gemüseportion 3 Hälften setzen. Mit Limettenschnitzen und Koriandergrün garnieren und sofort servieren.

Der gute Tipp
Dieses Gericht lässt sich gut mit TK-Gemüse zubereiten: Eine Gemüsemischung, aber auch dicke Bohnenkerne, Maiskörner und grüne Bohnen bieten sich dafür an.

Kichererbsen-Burger mit Chipotle-Mayonnaise

FÜR 4 PORTIONEN

120 g fettarmer Joghurt

2 EL fettarme Mayonnaise

1 Chipotle-Paprikaschote*, klein gehackt

400 g Kichererbsen (aus der Dose), abgespült und abgegossen

300 g Naturreis, gekocht

3 große Eiweiß

3 EL Semmelbrösel

1½ TL Koriander, gemahlen

¾ TL Salz

2 Möhren, klein geraspelt

60 g Cheddar-Käse, geraspelt

4 EL Dill, frisch gehackt

4 Vollkornmuffins, aufgeschnitten und getoastet

ZUBEREITUNGSZEIT

40 Minuten

1 Joghurt, Mayonnaise und Chipotle-Paprikaschote in einer kleinen Schüssel vermengen. Bis zum Servieren in den Kühlschrank stellen.

2 Kichererbsen in einer großen Schüssel mit einem Kartoffelstampfer zerdrücken. Reis, Eiweiße, Semmelbrösel, Koriander und Salz zugeben und alles gut vermischen.

3 Möhren, Käse und Dill unterrühren. Aus dem Gemisch vier große Frikadellen formen. (Bis hier kann das Rezept im Voraus zubereitet und gekühlt aufbewahrt werden.)

4 Den Backofen auf 200 °C vorheizen. Ein Backblech mit Backpapier belegen. Die Frikadellen auf das Blech legen und etwa 20 Minuten lang backen, bis sie braun sind. Die Kichererbsenfrikadellen in den Muffins mit der Chipotle-Mayonnaise servieren.

Der gute Tipp

Statt einer *Chipotle-Schote (geräucherte Jalapeño) können Sie auch eine Chilischote nehmen. Chipotles bekommen Sie beispielsweise unter www.pepperworldhotshop.de

Mit einem Kartoffelstampfer die Kichererbsen zu Brei zerdrücken.

Den geraspelten Käse unter die Burger-Mischung rühren.

Aus dem Gemisch vier gleich große Burger formen.

KLEINE GERICHTE UND SNACKS

Grüne Bohnen mit Rucola, Mango und Thunfischcreme

FÜR 4 PORTIONEN
Salz
400 g grüne TK-Bohnen
100 g Rucola
1 kleine Mango
1 Dose Thunfisch naturell
   (130 g Abtropfgewicht)
125 g saure Sahne
2 EL Zitronensaft
2 EL Olivenöl
frisch gemahlener Pfeffer
½ TL getrocknetes Bohnenkraut
1 kleine rote Zwiebel
100 g schwarze Oliven in Ringe

ZUBEREITUNGSZEIT
25 Minuten

1 In einem Topf etwa 1 l Wasser mit Salz zum Kochen bringen. Die gefrorenen Bohnen hineingeben, aufkochen lassen und zugedeckt 5 Minuten garen. Abgießen, abschrecken und abtropfen lassen.

2 Inzwischen Rucola waschen, trocken schleudern und die harten Blattstiele entfernen. Mango schälen, das Fruchtfleisch (etwa 200 g) vom Stein und in Stifte schneiden.

3 Für die Salatsauce den Thunfisch zerpflücken und mit der sauren Sahne fein pürieren, dabei Zitronensaft und Olivenöl untermixen. Mit Salz, Pfeffer und Bohnenkraut kräftig abschmecken.

4 Zwiebel schälen und in Streifen schneiden. Grüne Bohnen, Rucola und Mangostifte auf Tellern oder einer Servierplatte anrichten. Die Thunfischsauce auf die Mischung verteilen. Mit Zwiebelstreifen und Olivenringen bestreuen.

Der gute Tipp

Alternativen
Statt mit Bohnenkraut kann man die Salatsauce auch mit Thymian würzen. Wer frische Kräuter zur Verfügung hat, sollte diese verwenden. Die Oliven lassen sich durch Kapern ersetzen.

So geht's noch schneller
Anstelle der frischen Mango gefrorene Mangoscheiben nehmen, die es abgepackt zu kaufen gibt. Die gefrorenen Mangoscheiben auftauen lassen und in Streifen schneiden.

Bunter Gemüseaufstrich

FÜR 4 PORTIONEN

1 EL Olivenöl
1 Zwiebel, fein gehackt
1 Möhre, fein gewürfelt
2 Knoblauchzehen, fein gehackt
125 g Champignons, fein gewürfelt
1 kleine Zucchini, fein gewürfelt
125 ml selbst zubereitete oder fertige salzarme Hühnerbrühe oder Wasser
2 EL Tomatenmark
400 g Tellerlinsen aus der Dose, abgespült und abgetropft
2 EL frisch gehackte, glatte Petersilie
2 EL frisch gehackter Koriander
1 EL Zitronensaft
frisch gemahlener schwarzer Pfeffer
4 Scheiben Vollkornbrot, getoastet

ZUBEREITUNGSZEIT
15 Minuten

1 Das Öl bei mittlerer Hitze in einem mittelgroßen Topf erwärmen. Zwiebel und Möhre darin unter gelegentlichem Rühren 5 Minuten weich dünsten. Dann den Knoblauch zufügen und unter Rühren 1 weitere Minute mitgaren.

2 Champignons, Zucchini, Brühe oder Wasser und Tomatenmark zugeben und alles zugedeckt 6 Minuten köcheln lassen, bis die Pilze gar sind.

3 Die Linsen in eine kleine Schale geben und mit einer Gabel zerdrücken. Dann mit Petersilie, Koriander und Zitronensaft in den Topf geben. Alles gut verrühren, durcherhitzen und pfeffern.

4 Den fertigen Aufstrich auf den getoasteten Brotscheiben verteilen.

Der gute Tipp

Sie können die Linsen auch in der Küchenmaschine oder in einem Mixer pürieren. Für ein gröberes Püree mehrmals kurz die Impulsstufe betätigen.

Weiße-Bohnen-Suppe mit Räucherfisch

FÜR 4 PORTIONEN

1 EL Olivenöl
1 Zwiebel, gewürfelt
1 Stange Sellerie, gewürfelt
2 kleine Zucchini, gewürfelt
600 ml Fischfond oder Hühnerbrühe
150 g Räucherfisch (z.B. Schellfisch, Forelle oder Heilbutt), in kleine Stücke zerpflückt oder gewürfelt
2 Dosen Cannellini-Bohnen oder Perlbohnen (je 400 g)
1 EL gehackte Dillspitzen
2 EL Crème légère (nach Belieben)

ZUBEREITUNGSZEIT
10 Minuten

1 Das Öl in einem Topf erhitzen. Zwiebel-, Sellerie- und Zucchiniwürfel darin 4–5 Minuten unter Rühren weich und glasig dünsten.

2 Fond oder Brühe angießen. Aufkochen lassen, dann den Räucherfisch unterrühren. Abschmecken und 4–5 Minuten schwach köcheln lassen.

3 Die Bohnen in ein Sieb schütten; abspülen und abtropfen lassen. Mit Dill und Crème légère in die Suppe rühren und diese wieder heiß werden, aber nicht erneut aufkochen lassen. Auf tiefe Teller verteilen.

Der gute Tipp

Anstelle von Räucherfisch können Sie 150 g geschälte gegarte Garnelen verwenden.
Nehmen Sie einmal 250 g Maiskörner (aus der Dose oder TK-Ware) statt der Bohnen.

Jalapeño-Bohnen-Paste

FÜR 8 PORTIONEN

- 5 Knoblauchzehen, geschält
- 1 kg schwarze Bohnen (aus der Dose), abgespült und abgetropft
- 2 EL Weißweinessig
- 1 EL Zitronensaft, frisch gepresst
- 2 TL Kümmel, gemahlen
- 1 TL Salz
- 5 EL Koriander, frisch gehackt
- 4 Schalotten, in feine Scheibchen geschnitten
- 2 Jalapeñoschoten (aus dem Glas), klein gehackt

ZUBEREITUNGSZEIT
20 Minuten

1 Den Knoblauch in einem kleinen Topf mit kochendem Wasser etwa 2 Minuten lang blanchieren. Das Wasser abgießen, den Knoblauch mit den Bohnen in eine große Schüssel geben und mit dem Kartoffelstampfer zerdrücken.

2 Essig, Zitronensaft, Kümmel und Salz unter die Bohnenmischung rühren.

3 Koriander, Schalotten und Jalapeñoschoten unterheben. Das Rezept kann im Voraus zubereitet und im Kühlschrank aufbewahrt werden. Beim Servieren sollte die Paste Raumtemperatur haben.

Der gute Tipp

Von diesem Rezept können Sie ohne weiteres auch die doppelte oder dreifache Menge zubereiten. Sie benötigen dazu nur eine wirklich große Schüssel. Wenn Sie genügend Zeit haben, können Sie auch 300 g getrocknete Bohnen verwenden und diese über Nacht in Wasser einweichen. Danach das Einweichwasser abgießen und die Bohnen mit frischem Wasser etwa 45 bis 60 Minuten weich kochen.

Mit dem Kartoffelstampfer Knoblauch und Bohnen zerdrücken.

Den gemahlenen Kümmel unter die Bohnenmischung rühren.

Koriander, Schalotten und Jalapeñoschoten unterheben.

KLEINE GERICHTE UND SNACKS

Kichererbsen mit orientalischem Dressing

FÜR 4 PORTIONEN

2 Dosen Kichererbsen (Abtropfgewicht insgesamt 560 g)
400 g Tomaten
Salz
frisch gemahlener Pfeffer
1 Knoblauchzehe
4 EL Zitronensaft
2 EL Granatapfel-Balsamessig
4 EL Olivenöl
1 EL Tahin (Sesammus)
2 Messerspitzen gemahlener Koriander
2 Messerspitzen gemahlener Kreuzkümmel
1 Messerspitze Cayennepfeffer
1 Granatapfel
2 EL ungeschälte Sesamsamen
1 kleines Bund Koriandergrün oder Petersilie

ZUBEREITUNGSZEIT
25 Minuten

1 Kichererbsen in einem Sieb kalt abspülen und abtropfen lassen. Tomaten waschen, von den Stielansätzen befreien und in Würfel schneiden. In einer großen Schüssel salzen und pfeffern.

2 Für die Salatsauce Knoblauch schälen, salzen und mit dem Messerrücken zerdrücken. Das Knoblauchmus mit Zitronensaft, Granatapfel-Balsamessig, Olivenöl und Tahin verquirlen. Mit Salz, Pfeffer, Koriander, Kreuzkümmel und Cayennepfeffer würzen.

3 Kichererbsen und Salatsauce unter die Tomatenwürfel in der Schüssel mischen. Alles zugedeckt bei Raumtemperatur mindestens 15 Minuten ziehen lassen.

4 Inzwischen den Granatapfel halbieren und die Kerne herauslösen, den Saft dabei auffangen und zu den Kichererbsen geben. Die Sesamsamen in einer trockenen Pfanne rösten. Koriandergrün oder Petersilie waschen. Blättchen abzupfen, grob zerkleinern und die Hälfte davon unter die Kichererbsen mischen.

5 Die Kichererbsen-Tomaten-Mischung vor dem Servieren mit dem Sesam und den Granatapfelkernen bestreuen und mit den übrigen Kräutern garnieren.

Der gute Tipp

Nach Belieben die marinierten Kichererbsen vor dem Servieren mit Frühlingszwiebelringen bestreuen.

Alternativen
Statt frischer Tomaten kann man in Öl eingelegte getrocknete Tomaten nehmen. Diese abtropfen lassen, zerkleinern und unter die Kichererbsen mischen.
Der Granatapfel-Balsamessig lässt sich durch Apfelbalsamessig ersetzen.

KLEINE GERICHTE UND SNACKS

Kichererbsengratins mit Lamm

FÜR 4 PORTIONEN

3 EL Sesamsamen
½ TL gemahlener Kreuzkümmel
½ TL Chilipulver
1 TL getrockneter Oregano
400 g Lammrückenfilets (Lammlachse)
5 EL Olivenöl, mehr für die Formen
Salz
frisch gemahlener Pfeffer
1 Dose Kichererbsen (Abtropfgewicht 240 g)
400 g Cocktailtomaten
4 Frühlingszwiebeln
2 Minzezweige
2 EL Zitronensaft
4 kleine runde Ziegenfrischkäse (je 40 g)

ZUBEREITUNGSZEIT
30 Minuten

1 Sesamsamen mit Kreuzkümmel, Chilipulver und Oregano mischen. Die Lammfilets trocken tupfen und in 8 Stücke schneiden. 2 EL Olivenöl in einer beschichteten Pfanne erhitzen und das Fleisch darin etwa 4 Minuten anbraten, zwischendurch wenden.

2 Pfanne vom Herd nehmen. Fleisch salzen, pfeffern und mit 2 EL von der Sesammischung würzen. Zugedeckt bei Raumtemperatur stehen lassen.

3 Vier kleine flache Auflaufformen fetten. Den Backofen auf 250 °C vorheizen. Die Kichererbsen abtropfen lassen. Die Cocktailtomaten waschen und halbieren. Die Frühlingszwiebeln putzen, waschen und fein zerkleinern. Die Minze waschen, die Blättchen abzupfen und in Streifen schneiden.

4 Tomaten, Kichererbsen, Frühlingszwiebeln und Minze in eine Schüssel füllen. Mit Salz, Pfeffer und Zitronensaft würzen. 2 EL Olivenöl dazugeben und alles gut mischen. Die Kichererbsenmischung auf die Formen verteilen.

5 Jeden Ziegenfrischkäse in drei Dreiecke schneiden. Fleischstücke mit dem ausgetretenen Bratsaft auf der Kichererbsenmischung verteilen. Zwischen die Fleischstücke je ein Käsedreieck setzen.

6 Alles mit der restlichen Würzmischung bestreuen und mit 1 EL Olivenöl beträufeln. Den Ofen auf Grillstufe umschalten. Die Gratins im heißen Ofen (Mitte) 5 Minuten überbacken.

Der gute Tipp

Statt der kleinen Ziegenfrischkäse können Sie eine Ziegenfrischkäserolle nehmen. Davon Scheiben abschneiden und diese jeweils in drei Ecken schneiden. Zur Abwechslung können Sie auch eine Ziegenfrischkäserolle mit Kräutern verwenden.

Ingwer dünn schälen und fein reiben, harte Fasern dabei entfernen.

Von den Zitronengrasstängeln die äußeren Blätter entfernen und die Enden abschneiden. Nur das weiße zarte Innere der Stängel quer in feine Streifen schneiden.

Kichererbsengemüse mit Joghurt

FÜR 4 PORTIONEN

6 cm frischer Ingwer
2 Stängel Zitronengras
2 EL Sojaöl
3 rote Zwiebeln, in schmale Streifen geschnitten
1 Knoblauchzehe, fein gehackt
350 g Joghurt (möglichst Bulgara)
Salz
schwarzer Pfeffer
Cayennepfeffer
2 Dosen Kichererbsen (abgetropft 600 g)

Zum Garnieren
3 Zweige Koriandergrün

ZUBEREITUNGSZEIT
45 Minuten

1 Das Stück Ingwer schälen und fein reiben. Die Zitronengrasstängel in feine Scheiben schneiden.

2 Sojaöl in einer hohen Pfanne erhitzen. Ingwer, Zitronengras, Zwiebeln und Knoblauch darin anbraten. Den Joghurt unterrühren und das Ganze mit Salz, Pfeffer und einer guten Prise Cayennepfeffer würzen. Zugedeckt bei schwacher Hitze 10 Minuten köcheln lassen.

3 Die Kichererbsen zur Joghurtsauce geben und unterrühren, langsam erhitzen. Alles mit Salz und Cayennepfeffer abschmecken.

4 Das Koriandergrün abbrausen, die Blättchen von den Stielen zupfen und zerkleinern. Das Kichererbsengemüse mit den Korianderblättchen garnieren und servieren.

Der gute Tipp

Der stichfeste, säuerliche Bulgara-Joghurt eignet sich für dieses Gericht besonders gut, da er beim Erhitzen nicht ausflockt.

Weiße-Bohnen-Burger

FÜR 4 PORTIONEN

5 TL natives Olivenöl extra
1 kleine Zwiebel, in feine Würfel geschnitten
1 grob geraspelte Möhre
2 TL Tomatenmark
2 Dosen Cannellini-Bohnen (je etwa 400 g), der Inhalt abgespült und abgetropft
50 g frische Weißbrotkrumen
50 g geriebener reifer Cheddar
2 EL gehackte Petersilie
Salz, Pfeffer
4 große Vollkornbrötchen

Zum Garnieren
Friséesalat

Für den Tomatensalat
1 EL natives Olivenöl extra
1 TL Zitronensaft
350 g rote oder gelbe Cocktailtomaten, in Viertel geschnitten
1 EL zerkleinerte frische Basilikumblätter

ZUBEREITUNGSZEIT
20 Minuten

1 In einer Pfanne 3 TL Öl erhitzen. Die Zwiebel hineingeben und unter häufigem Rühren 5 Minuten dünsten. Die geraspelte Möhre zufügen und alles unter ständigem Rühren 2 Minuten garen. Vom Herd nehmen und das Tomatenmark einrühren.

2 Den Grill auf mittlere Stufe vorheizen. Die Bohnen in eine Schüssel geben und mit einem Kartoffelstampfer grob zerdrücken. Gegartes Gemüse, Brotkrumen, Käse, Petersilie, Salz und Pfeffer zugeben.

3 Alles mit den Händen zu einem Teig verkneten, dann in 4 Portionen teilen. Jede Portion zu einer 2–3 cm dicken Frikadelle mit 10 cm Ø formen.

4 Die Frikadellen auf beiden Seiten dünn mit dem restlichen Olivenöl bestreichen und auf den Grillrost legen. Unter dem Grill auf jeder Seite 4–5 Minuten garen, bis sie durch und durch erhitzt und außen knusprig sind.

5 Inzwischen für den Salat Öl, Zitronensaft, Salz und Pfeffer in einer Schüssel verrühren. Tomaten und Basilikum untermischen.

6 Die Brötchen aufschneiden und nach Belieben 2–3 Minuten vor Ende der Garzeit mit den Frikadellen grillen. Die Bohnen-Frikadellen zwischen die Brötchenhälften legen, mit Friséesalat garnieren und mit dem Tomatensalat servieren.

Naan-Brot mit Linsenkaviar

FÜR 4 PORTIONEN

Für den Linsenkaviar

350 g Magerjoghurt

2 gehackte Knoblauchzehen

1 Dose grüne Linsen, etwa 300 g, abgetropft

½ fein gehackte Salatgurke

½ grüne Paprika, geputzt, gewaschen, fein gewürfelt

1 reife Tomate, fein gehackt

1 EL gehackte Minzeblättchen

¼ TL gemahlener Kreuzkümmel

1 großzügige Prise Currypulver

Saft von 1 Zitrone

2 EL natives Olivenöl extra

Salz, Cayennepfeffer

Zum Servieren

4 Naan-Brote, in Stücke geschnitten

einige Minzeblättchen

3 EL Koriandergrün

einige Rucolablätter

2 geraspelte Möhren

2 EL Chutney oder Lime Pickle

ZUBEREITUNGSZEIT

15 Minuten

1 Den Grill vorheizen. Für den Linsenkaviar alle Zutaten verrühren. Die Linsenmischung mit Salz und Cayennepfeffer abschmecken.

2 Die Naan-Brote mit etwas Wasser besprühen, dann unter dem Grill pro Seite 1 Minute rösten. Auf Portionsteller geben.

3 Den Linsenkaviar gleichmäßig über die warmen Brote verteilen. Mit Minzeblättchen, Koriandergrün, Rucola und geraspelten Möhren bestreuen. Sofort mit Chutney oder Lime Pickle servieren.

Der gute Tipp

Sie sollten immer vorgegarte Linsen im TK-Fach haben. So können Sie diesen köstlichen Snack zubereiten, selbst wenn keine Dosenlinsen erhältlich sind. Linsen können Sie schnell im Mikrowellengerät oder bei Raumtemperatur auftauen.

Chili con Queso im Schälchen

FÜR 4 PORTIONEN

- 1 große grüne Paprikaschote, fein gehackt
- 1 große Zwiebel, fein gehackt
- 2 große Knoblauchzehen, zerdrückt
- 2 Dosen (je 450 g) rote Kidneybohnen, abgetropft und abgespült
- 1 Dose (800 g) Tomaten samt Püree, ohne Salz
- ½ TL Chilipulver
- ½ TL Pfeffer
- ½ TL gemahlener Cumin
- ¼ TL Zimt
- 100 g geraspelter Cheddar, fett- und natriumarm (Diätprodukt)

ZUBEREITUNGSZEIT
20 Minuten

1 Eine große Bratpfanne auf ein mittelstark erhitztes Kochfeld setzen. Grüne Paprika, Zwiebel und Knoblauch darin etwa 5 Minuten anbraten, bis die Zwiebel braun ist. Bohnen, Tomaten mit Püree, Chilipulver, schwarzen Pfeffer, Kreuzkümmel und Zimt unterrühren und alles 5 Minuten köcheln lassen.

2 Backofengrill vorheizen. Grillblech mit Folie auslegen. Das Chili auf vier ofenfeste Schalen mit je 500 ml Fassungsvermögen verteilen. Auf die Mitte je 2 EL Käse häufen.

3 Unter dem Grill mit 6 cm Abstand zur Hitzequelle etwa 1 Minute überbacken, bis der Käse schmilzt (immer im Auge behalten!).

Der gute Tipp

Sollten Sie keine ofenfesten Schälchen besitzen, können Sie das Chili auch in eine Auflaufform füllen, den Käse auf die Mitte geben und im Ofen überbacken. Sie können auch das heiße Chili auf vier Schüsseln verteilen und jeweils mit Käse bestreuen. Durch die Hitze des Chilis schmilzt der Käse.

Beim Umrühren die Tomaten zerkleinern.

Käse mittig auf die Bohnen häufen, nicht verteilen.

Grillen, bis der Käse gerade eben schmilzt. Er darf nicht braun werden.

KLEINE GERICHTE UND SNACKS

Rucolarollen mit roten Linsen

FÜR 2 PORTIONEN
50 g rote Linsen
Salz
30 g Rucola
1 Stück Salatgurke (6 cm)
5 Stängel Dill
250 g körniger Frischkäse
½ TL Dijonsenf
4 Blätter Reispapier (je 22 cm)

ZUBEREITUNGSZEIT
25 Minuten

1 Die Linsen gründlich waschen. Mit etwas Salz in 250 ml Wasser geben und in etwa 12–15 Minuten weich kochen.

2 Inzwischen den Rucola waschen und trocken tupfen. Die harten Stiele entfernen und die Blätter klein hacken. Das Gurkenstück schälen, halbieren und fein zerkleinern. Den Dill waschen und trocken schwenken, die Spitzen abzupfen und klein hacken.

3 In einer Schüssel Rucola, Gurke und Dill mit Frischkäse und Senf vermischen. Die Linsen kalt abschrecken und ebenfalls unter die Masse rühren; alles mit Salz abschmecken.

4 Warmes Wasser in einen flachen Teller gießen. Ein Reisblatt für etwa 1 Minute hineinlegen. Herausnehmen, auf einem Schneidbrett oder einem feuchten Küchentuch ausbreiten und mit einem Viertel der Linsen-Gurken-Füllung bestreichen.

5 Das Reispapier fest zusammenrollen, dabei die Seiten ein wenig einschlagen, damit die Füllung nicht herausfallen kann.

6 Aus den restlichen Reispapierblättern und der übrigen Füllung drei weitere Rucolarollen herstellen. Nach Belieben die Rollen schräg halbieren und auf einer kleinen Platte anrichten.

Der gute Tipp

Reispapierblätter (aus Thailand, Japan oder Vietnam) werden aus Reismehl, Wasser und Salz hergestellt und sind glutenfrei. Sie können unterschiedlichste Füllungen in das dünne Papier wickeln und die Rollen sofort servieren oder vor dem Essen in etwas Kokosnussöl braten oder frittieren.

KLEINE GERICHTE UND SNACKS

Herzhafte Beilagen

Kichererbsencreme aus Zypern

FÜR 6 PORTIONEN
200 g Kichererbsen
750 ml Gemüsebrühe
2 EL Zitronensaft
3 EL Schmand
4 EL bestes Olivenöl
1 Knoblauchzehe, fein gehackt
1 TL gemahlener Kreuzkümmel
   (mehr nach Geschmack)
1–2 TL edelsüßes Paprikapulver
Salz
Pfeffer
1 Bund Petersilie
300 g Fladenbrot

ZUBEREITUNGSZEIT
60 Minuten

1 Die Kichererbsen 12 Stunden oder über Nacht in kaltem Wasser einweichen. Abgießen, in der Gemüsebrühe aufkochen und in 35–50 Minuten weich kochen. Die Erbsen abgießen, das Kochwasser dabei auffangen.

2 Erbsen in den Mixer oder in die Küchenmaschine geben. Zitronensaft, Schmand, Olivenöl und Knoblauch sowie 150 ml vom Kochwasser zufügen; alles zu einer geschmeidigen Creme pürieren. Falls nötig, noch mehr Kochwasser zugeben.

3 Kichererbsencreme mit Kreuzkümmel, Paprika, Salz und Pfeffer abschmecken. Die Hälfte der Petersilie hacken und unter die Creme mischen. Mit Petersilie garnieren und mit Paprikapulver bestreuen. Als Dip zu Fladenbrot und Oliven servieren.

Der gute Tipp

Sie können die Kichererbsencreme auch mit je 1 EL Kreuzkümmel und Kardamom sowie ½ TL Currypulver würzen und noch mit Cayennepfeffer und Salz abschmecken.

Alle Zutaten für die Creme, bis auf Gewürze und Petersilie, in den Mixer geben und pürieren.

Zum Schluss gehackte Petersilie unter die Erbsencreme mischen.

HERZHAFTE BEILAGEN

Weiße Bohnen nach kreolischer Art

FÜR 4 PORTIONEN

150 g getrocknete weiße Bohnenkerne
1 TL Olivenöl
200 ml Gemüsebrühe
1 kleine frische rote Chilischote, entkernt und fein gehackt
1 Knoblauchzehe, fein gehackt
3 Selleriestangen, grob gehackt
60 g Zwiebeln, grob gehackt
1 grüne Paprikaschote, grob gehackt
1–2 TL Cayennepfeffer oder Paprikapulver
1 Lorbeerblatt
400 g gehackte Tomaten aus der Dose
Salz und schwarzer Pfeffer

ZUBEREITUNGSZEIT
80 Minuten

1 Die Bohnen in einer Schüssel mit kaltem Wasser bedecken und über Nacht einweichen lassen.

2 Die Bohnen gut abgießen, unter kaltem Wasser abspülen und abtropfen lassen. In einen großen Topf geben, mit Wasser bedecken und zum Kochen bringen. 15 Minuten sprudelnd kochen lassen; eventuell entstehenden Schaum abschöpfen. Abgießen, abspülen und im Sieb beiseitestellen.

3 Das Öl mit 1 EL Gemüsebrühe in einen Topf geben und Chilischote, Knoblauch, Sellerie, Zwiebeln und grünen Paprika zufügen. Deckel auflegen und bei mittlerer Hitze etwa 10 Minuten kochen lassen, bis das Gemüse weich wird. Den Topf hin und wieder rütteln, damit nichts anhängt. Cayennepfeffer oder Paprikapulver einrühren und nochmals 1 Minute kochen lassen.

4 Das Lorbeerblatt, die gekochten Bohnen, die restliche Brühe und die Tomaten zufügen. Aufkochen, dann auf geringe Hitze schalten. Mit Deckel 45 Minuten köcheln lassen, bis die Bohnen weich sind. In den letzten 10 Minuten den Deckel abnehmen, damit die Flüssigkeit einkochen kann. Nach Belieben salzen und pfeffern und dann servieren.

Das Chilipulver zu den gebräunten Zwiebelringen geben.

Bohnen und Tomatenstücke unter die Zwiebeln mischen.

Die Maiskörner mit den Chilibohnen vermengen und erhitzen.

Chilibohnen mit roten Zwiebeln

FÜR 6 PORTIONEN

1 EL Olivenöl
2 große rote Zwiebeln, halbiert und in dicke Ringe geschnitten
2 TL Chilipulver oder mehr
530 g schwarze Bohnen, abgegossen und abgespült
2 mittelgroße Tomaten, gewürfelt (ca. 530 g)
½ TL Salz
120 g TK-Mais
3 EL Koriander, frisch gehackt

ZUBEREITUNGSZEIT

30 Minuten

1 Das Öl in einem mittelgroßen Topf bei mittlerer Hitze heiß werden lassen. Zwiebeln unter häufigem Rühren etwa 10 Minuten darin goldbraun anbraten. Dann das Chilipulver unterrühren.

2 Bohnen, Tomaten und Salz zugeben und aufkochen lassen. Die Hitze reduzieren und alles etwa 5 Minuten zugedeckt köcheln lassen, bis sich die Aromen schön vermischt haben. (Das Gericht kann bis zu diesem Schritt schon im Voraus zubereitet werden.)

3 Die Maiskörner unterrühren und kochen lassen, bis sie ganz heiß sind. Zum Schluss Koriander untermischen.

Der gute Tipp

Haben Sie keine frischen Tomaten zur Hand, können Sie für dieses Rezept auch 400 g Tomatenfruchtfleisch in Stücken aus der Dose verwenden.

Linsen in Meerrettichcreme

FÜR 4 PORTIONEN

2 Dosen Linsen (Abtropfgewicht je etwa 220 g)
1 Bund Suppengrün (etwa 500 g)
2 Schalotten
2 Knoblauchzehen
2 EL Butter
300 ml Gemüsebrühe
1 Stück frischer Meerrettich (etwa 4 cm; ersatzweise 1 EL Tafelmeerrettich)
150 g Crème fraîche
1 EL Zitronensaft
Salz
frisch gemahlener Pfeffer
1 Prise Zucker
1 Bund Schnittlauch

ZUBEREITUNGSZEIT
30 Minuten

1 Die Linsen in ein Sieb schütten, waschen und abtropfen lassen. Suppengrün putzen bzw. schälen, waschen und in kleine Würfel schneiden. Schalotten und Knoblauch schälen und fein würfeln.

2 Die Butter in einem Topf erhitzen. Schalotten, Knoblauch und Suppengemüse darin 2–3 Minuten dünsten. Die Gemüsebrühe dazugießen, alles aufkochen und zugedeckt bei mittlerer Hitze etwa 10 Minuten köcheln lassen.

3 Inzwischen den Meerrettich schälen und fein reiben. Mit Crème fraîche und Zitronensaft verrühren. Mit Salz, Pfeffer und Zucker würzen. Den Schnittlauch waschen, trocken schütteln und in feine Röllchen schneiden.

4 Linsen, Meerrettichcreme und Schnittlauch (bis auf 2 TL) unter das Gemüse rühren; bei mittlerer Hitze 3–4 Minuten zugedeckt köcheln lassen. Mit Salz und Pfeffer abschmecken. Den restlichen Schnittlauch darüberstreuen.

Der gute Tipp

Statt mit Meerrettichcreme können Sie die Linsen auch mit einer Senfcreme zubereiten. Dafür den geriebenen Meerrettich durch je 2 TL scharfen und körnigen Senf ersetzen.

Mais-Bohnen-Eintopf

FÜR 6 PORTIONEN

400 g Limabohnen, frisch oder tiefgekühlt

230 g Maiskörner, frisch oder tiefgekühlt

80 g Sahne

160 ml fettarme Milch

1 EL Olivenöl

3/4 TL Salz

3 EL Schnittlauch, in Röllchen geschnitten

1/4 TL schwarzer Pfeffer

ZUBEREITUNGSZEIT

25 Minuten

1 Limabohnen, Maiskörner, Sahne, Milch, Olivenöl und Salz in einem großen Topf bei starker Hitze aufkochen lassen.

2 Die Hitze reduzieren und das Gemüse weiter bei mittlerer Hitze zugedeckt etwa 10–12 Minuten köcheln lassen, bis es gar ist. Das Gemüse vom Herd nehmen, mit Schnittlauch und Pfeffer würzen und auf Tellern anrichten.

Der gute Tipp

Dieser Eintopf schmeckt auch mit grünen Bohnen. Ersetzen Sie die Limabohnen durch 360 g grüne Bohnen und statt Schnittlauch nehmen Sie 2 EL frisch gehackten oder 1 EL getrockneten Thymian.

Blätter und Haut vom Kolben abziehen, den Strunk abschneiden und die Fasern abzupfen.

Den Maiskolben mit dem Strunk auf die Arbeitsfläche drücken, gut festhalten und mit einem scharfen, langen Messer alle Körner herausschaben.

HERZHAFTE BEILAGEN

Erbsengratin mit Champignons

FÜR 4 PORTIONEN
1 Dose gelbe Erbsen mit Suppengrün (Abtropfgewicht 800 g)
250 g Champignons
200 g Tomaten
1 große Zwiebel
2 EL Butter
Salz
frisch gemahlener Pfeffer
1 Bund Petersilie
200 g Crème fraîche
1 EL Zitronensaft
100 g geriebener Gruyère
Außerdem
Fett für die Form

ZUBEREITUNGSZEIT
60 Minuten

1 Die Erbsen in ein Sieb schütten, waschen und abtropfen lassen. Champignons putzen, abreiben und in feine Scheiben schneiden. Tomaten waschen, vierteln, entkernen und in kleine Würfel schneiden. Zwiebel schälen und würfeln.

2 Den Backofen auf 200 °C vorheizen. In einer Pfanne die Butter zerlassen, die Zwiebel darin bei mittlerer Hitze glasig dünsten. Die Pilze dazugeben und bei starker Hitze 3–4 Minuten mitbraten, bis alle Flüssigkeit verdampft ist. Mit Salz und Pfeffer würzen. Vom Herd nehmen.

3 Inzwischen die Petersilie waschen und trocken schütteln; die Blätter abzupfen und hacken. Von den Erbsen 4 EL abnehmen, diese mit der Crème fraîche pürieren. Die übrigen Erbsen, die Pilze, die Tomatenwürfel und die Petersilie unter die Erbsencreme mischen. Mit Salz, Pfeffer und Zitronensaft abschmecken.

4 Eine ofenfeste Form fetten. Die Erbsenmischung hineinfüllen, glatt streichen und mit dem geriebenen Käse bestreuen. Im heißen Ofen etwa 30 Minuten überbacken.

Der gute Tipp

Als Alternative können Sie 200 g gekochten Schinken vom Fettrand befreien, in schmale Streifen schneiden und statt der Tomatenwürfel unter die Erbsencreme mischen.

HERZHAFTE BEILAGEN

Grüne Erbsen mit Minizwiebeln

FÜR 4 PORTIONEN
240 g Minizwiebeln
1 TL Salz
300 g frische grüne Erbsen
1 EL Margarine
1 EL frischer Rosmarin, grob gehackt
¼ TL schwarzer Pfeffer

ZUBEREITUNGSZEIT
40 Minuten

1 Die Zwiebeln schälen. In einem großen Topf 250 ml Wasser aufkochen lassen. Zwiebeln und Salz dazugeben und nochmals aufkochen lassen. Die Hitze reduzieren und die Zwiebeln bei mittlerer Hitze zugedeckt etwa 8 Minuten kochen.

2 Die Erbsen aus den Hülsen lösen, zu den Zwiebeln geben, wieder aufkochen lassen und zugedeckt weitere 7–9 Minuten kochen lassen.

3 Inzwischen die Margarine in einem kleinen Topf bei geringer Hitze zerlassen. Rosmarin dazugeben und darin 2–3 Minuten andünsten.

4 Das Kochwasser von Erbsen und Zwiebeln abgießen.
Die flüssige Margarine samt Rosmarin und Pfeffer mit Erbsen und Zwiebeln vorsichtig vermischen.

Der gute Tipp

Kaufen Sie leicht verderbliches Gemüse wie Erbsen frühestens zwei Tage vor dem Verzehr. Bewahren Sie das Gemüse in einem Plastikbeutel im Gemüsefach des Kühlschranks auf. Lösen Sie die Erbsen erst kurz vor dem Kochen aus den Hülsen.

Zwiebeln in kochendem Wasser 2 Minuten blanchieren, kalt abschrecken und die Haut abziehen.

Die Schoten vorsichtig öffnen. Dann die Erbsen mit dem Daumen herausdrücken.

Weißes Bohnengemüse mit Gremolata

FÜR 4 PORTIONEN

2 Dosen große weiße Bohnen (Abtropfgewicht je 250 g)
1 Zwiebel
200 g kleine Strauchtomaten
1 Zweig Rosmarin
4 Zweige Thymian
2 EL Olivenöl
1 Dose gehackte Tomaten mit Basilikum (400 g)
Salz
frisch gemahlener Pfeffer
2 Stück Schale (je etwa 5 cm lang) von 1 unbehandelten Zitrone
2 Knoblauchzehen
2 Bund Petersilie

ZUBEREITUNGSZEIT
25 Minuten

1 Die Bohnen in ein Sieb schütten, abspülen und gut abtropfen lassen. Die Zwiebel schälen und fein würfeln. Die Tomaten waschen und vierteln. Rosmarin und Thymian waschen und trocken schütteln.

2 Das Öl in einer Pfanne erhitzen und die Zwiebel darin glasig dünsten. Bohnen, Rosmarin und Thymian hinzufügen und 2–3 Minuten mitdünsten.

3 Die gehackten Tomaten hinzufügen und unterrühren; alles salzen und pfeffern, dann zugedeckt etwa 5 Minuten köcheln lassen. Die Tomatenviertel unterheben und das Gemüse noch etwa 2 Minuten ziehen lassen.

4 Für die Gremolata die Zitronenschale in kleine Würfel schneiden. Den Knoblauch schälen und fein hacken.

5 Die Petersilie waschen und trocken schütteln; die Blätter abzupfen und fein hacken. Zitronenschale, Knoblauch und Petersilie miteinander mischen.

6 Das Bohnengemüse mit Salz und Pfeffer abschmecken, mit der Gremolata bestreuen und servieren.

Der gute Tipp

Wer es etwas kräftiger mag, brät in Schritt 2 mit der Zwiebel 50 g klein gewürfelten Schinkenspeck in der Pfanne an, bevor Bohnen und Kräuter dazugegeben werden.

Zuckererbsen mit Äpfeln und Ingwer

FÜR 4 PORTIONEN

2 TL Olivenöl

2 TL frischer Ingwer, geschält und klein geschnitten

3 Knoblauchzehen, gehackt

450 g Zuckererbsen ohne Faden

2 rote Äpfel, ungeschält, in dünne Spalten geschnitten

½ TL Salz

ZUBEREITUNGSZEIT

20 Minuten

1 Das Öl in einer großen beschichteten Pfanne bei geringer Hitze heiß werden lassen. Ingwer und Knoblauch etwa 2 Minuten darin anbraten.

2 Zuckererbsen, Äpfel und Salz in die Pfanne geben und unter häufigem Rühren etwa 7 Minuten anbraten, bis die Zuckererbsen zart sind.

Der gute Tipp

Wollen Sie die Zuckererbsen-Apfel-Beilage in einen Salat und in ein Hauptgericht verwandeln, so mischen Sie einfach Reis und Fleischstückchen (Hühnerbrust oder Schweinelende) darunter.

Den Apfel mit einem scharfen Messer halbieren.

Um das Kerngehäuse herauszuschneiden, eignet sich auch ein Melonenausstecher. Nach dem Entfernen des Kerngehäuses den Apfelstiel wegschneiden.

Die Apfelhälften mit der Schnittseite nach oben in Spalten mit der gewünschten Dicke schneiden.

HERZHAFTE BEILAGEN

Süß-pikante Kichererbsen

FÜR 4 PORTIONEN

1 Dose Kichererbsen (400 g)
abgeriebene Schale und Saft von
  1 unbehandelten Limette
1 TL Zucker
1 TL Garam masala
½ TL gemahlener Zimt
1 TL getrockneter Oregano
2 EL Sonnenblumenöl
2 kleine Zwiebeln, halbiert und in
  dicke Scheiben geschnitten
2 Paprikaschoten (1 rot, gelb oder
  orange, 1 grün), halbiert und in
  breite Streifen geschnitten
12 Cocktailtomaten, halbiert

ZUBEREITUNGSZEIT
20 Minuten

1 Die Kichererbsen in ein Sieb schütten, kalt abspülen, abtropfen lassen und in eine Schüssel füllen. Limettenschale und -saft, Zucker, Garam masala, Zimt und Oregano zufügen und alles gut verrühren.

2 Das Sonnenblumenöl in einer großen Pfanne heiß werden lassen. Die Zwiebeln darin unter Rühren 4 Minuten braten, bis sie beginnen, Farbe anzunehmen; die Hitze herunterschalten. Die Paprikastreifen in die Pfanne geben und unter gelegentlichem Rühren weitere 3–4 Minuten mitgaren, bis sie fast weich sind.

3 Die Tomaten untermischen und die Kichererbsen zufügen. Alles weitere 2 Minuten garen, bis das Gemüse weich und heiß ist.

Bohnen-Tomaten-Gemüse mit Salbei

FÜR 4 PORTIONEN
250 g getrocknete weiße Bohnenkerne, über Nacht eingeweicht
600 g Tomaten, gehäutet
20 Salbeiblätter
2 EL Olivenöl
2 Knoblauchzehen, fein gehackt
Salz
schwarzer Pfeffer

ZUBEREITUNGSZEIT
120–150 Minuten

1 Bohnen in einer Schüssel mit Wasser bedecken; über Nacht einweichen. Am nächsten Tag abgießen, Wasser dabei auffangen.

2 Einweichwasser auf 2 l auffüllen. Mit den Bohnen in einen Topf geben; einmal aufkochen und abschäumen. Bohnen zugedeckt bei schwacher Hitze in 1–1½ Stunden weich kochen. Dann abgießen und abtropfen lassen.

3 Tomaten halbieren, die Kerne entfernen und das Fruchtfleisch in Würfel schneiden. 10 Salbeiblätter in feine Streifen schneiden.

4 In einem großen Topf 1 EL Olivenöl erhitzen. Knoblauch darin glasig dünsten, dann die geschnittenen Salbeiblätter unterrühren und kurz mitdünsten. Bohnen und Tomaten zufügen; mit Salz und Pfeffer würzen und zugedeckt bei schwacher Hitze 20 Minuten kochen.

5 Den restlichen EL Olivenöl in einer kleinen beschichteten Pfanne erhitzen und die 10 ganzen Salbeiblätter darin kurz schwenken. Bohnengemüse mit Salz und Pfeffer abschmecken, das Salbeiöl darüber verteilen. Mit dunklem Weißbrot servieren.

Der gute Tipp

Oft wird empfohlen, getrocknete Hülsenfrüchte ohne Salz zu kochen, damit sie schneller weich werden. Probieren Sie es aus – es gibt unterschiedliche Erfahrungen dazu. Sie können dem Einweich- und Kochwasser auch etwas Speisenatron zugeben, das soll das Weichwerden der Kerne beschleunigen.

Die Bohnen aufkochen. Den Schaum, der sich dabei bildet, mit dem Schaumlöffel abschöpfen.

Die Kerne mit einem Teelöffel aus den Tomaten kratzen und das Fruchtfleisch in Würfel schneiden.

Die Salbeiblätter im heißen Olivenöl schwenken; über das fertige Gericht geben.

HERZHAFTE BEILAGEN

Zähe Fäden der Zuckererbsen auf beiden Seiten entfernen, besonders bei großen Erbsen.

Knoblauch und Schalotten in der Pfanne andünsten.

Die Zitronenschale zu den Zuckererbsen in die Pfanne geben.

Zarte Zuckererbsen

FÜR 4 PORTIONEN
700 g Zuckererbsen
2 TL Olivenöl
3 Schalotten, fein geschnitten
1 Knoblauchzehe, gehackt
1 EL abgeriebene Zitronenschale
¾ TL Salz

ZUBEREITUNGSZEIT
20 Minuten

1 Die Fäden der Zuckererbsen beidseitig abziehen.

2 Das Öl in einer großen beschichteten Pfanne bei mittlerer Hitze heiß werden lassen. Schalotten und Knoblauch etwa 3 Minuten darin glasig dünsten, dabei immer wieder umrühren.

3 Zuckererbsen, Zitronenschale und Salz zugeben und nur etwa 4 Minuten garen, bis die Zuckererbsen weich sind – aber noch mit etwas Biss.

Der gute Tipp

In der Regel wird für dieses Gericht zerlassene Butter verwendet. Doch sie lässt sich hier wie auch in anderen Rezepten sehr gut durch Olivenöl ersetzen, das durch seine einfach ungesättigten Fettsäuren für das Herz wesentlich gesünder ist.

Vegetarische Hauptgerichte

Bohneneintopf

FÜR 4 PORTIONEN
1 EL Olivenöl
1 Zwiebel, fein gehackt
1 große Möhre, gewürfelt
1 Knollensellerie (ca. 1 kg), geschält und gewürfelt
2 TL getrocknete italienische Kräuter
3 Lorbeerblätter
800 g weiße Bohnen aus der Dose, abgespült und abgetropft
15 g frische Blattpetersilie, grob gehackt
frisch gemahlener schwarzer Pfeffer

ZUBEREITUNGSZEIT
70 Minuten

1 Das Öl in einem großen Topf bei mittlerer Hitze erwärmen. Zwiebel, Möhre und Sellerie zufügen und unter gelegentlichem Rühren 10 Minuten dünsten, bis das Gemüse weich und leicht gebräunt ist.

2 750 ml Wasser zugießen und aufkochen. Dann die italienischen Kräuter und die Lorbeerblätter zufügen. Die Hitze reduzieren und den Eintopf ohne Deckel etwa 25 Minuten köcheln lassen, bis das Gemüse gar ist.

3 Die Bohnen zufügen und alles weitere 20 Minuten kochen, bis der Eintopf eingedickt ist. Anschließend drei Viertel der Petersilie einrühren.

4 Den fertigen Eintopf mit Pfeffer würzen und mit der restlichen Petersilie garniert servieren.

Der gute Tipp

Statt Knollensellerie können Sie auch Pastinaken verwenden. Knollensellerie enthält viele Ballaststoffe und Mineralien. Er ist nicht so fasrig wie Stangensellerie und verleiht dem Eintopf ein kräftiges Aroma und eine cremige Konsistenz.

VEGETARISCHE HAUPTGERICHTE

Kichererbseneintopf mit Süßkartoffeln und Möhren

FÜR 4 PORTIONEN

450 g getrocknete Kichererbsen
oder
800 g Kichererbsen aus der Dose, abgespült und abgetropft
1 EL Olivenöl
3 TL Kreuzkümmelsamen
2 TL Koriandersamen
3 cm frische Kurkuma, geschält und fein gerieben, oder 3 TL Kurkumapulver
125 g frischer Koriander, Stängel und Blätter fein gehackt, plus 4 Stängel zum Garnieren
2 orangefleischige Süßkartoffeln (ca. 800 g), geschält und gewürfelt
2 große Möhren, gewürfelt
2 Knoblauchzehen, zerdrückt
fein abgeriebene Schale von einer Zitrone
60 ml Zitronensaft

ZUBEREITUNGSZEIT
60 Minuten

1. Getrocknete Kichererbsen in eine große Schüssel geben, mit Wasser bedecken und über Nacht einweichen lassen. Anschließend abgießen, in einen großen Topf geben, mit viel frischem Wasser auffüllen, zudecken und ca. 30 Minuten kochen, bis sie gar sind. Alternativ die eingeweichten Kichererbsen 10 Minuten im Schnellkochtopf garen.

2. Unterdessen das Öl bei mittlerer Hitze in einem großen Topf erwärmen. Kreuzkümmelsamen, Koriandersamen, Kurkuma und frischen Koriander zufügen und alles 2 Minuten dünsten, bis die Gewürze ihr Aroma entfalten.

3. Süßkartoffeln, Möhren und Knoblauch zugeben. Alles gut verrühren und 10 Minuten dünsten, bis das Gemüse weich wird. Dann Zitronenschale, Zitronensaft und ca. 600 ml Wasser zugeben. Alles aufkochen, dann die Hitze reduzieren und den Eintopf 25 Minuten köcheln lassen, bis das Gemüse gar ist.

4. Die Kichererbsen zufügen und alles etwa 20 Minuten weiter kochen, bis die Kichererbsen sehr weich sind und der Eintopf sämig ist. Mit Korianderstängeln garnieren und servieren.

Der gute Tipp

Als Beilage eignet sich gedämpfter Vollkorn- oder Basmatireis, Quinoa oder knuspriges Baguette.

Bohnenküchlein mit Frischkäse

FÜR 4 PORTIONEN

2 Dosen große weiße Bohnen (Abtropfgewicht je etwa 400 g)
1 Stück Knollensellerie (etwa 300 g)
2 kleine Karotten
einige Salbeiblätter
50 g Kürbiskerne
1 Knoblauchzehe
1 Ei
Salz, Cayennepfeffer
Öl (zum Braten)
2 Fenchelknollen
1 Bund Dill
300 g körniger Frischkäse
100 g Schlagsahne

ZUBEREITUNGSZEIT
40 Minuten

1 Die Bohnen abtropfen lassen. Sellerie sowie Karotten schälen. Die Salbeiblätter waschen. Bohnen, Sellerie, Karotten und Salbei mit den Kürbiskernen in der Küchenmaschine pürieren.

2 Die Knoblauchzehe schälen, fein hacken und unter das Bohnenpüree mischen. Das Ei, Salz und 1 Prise Cayennepfeffer unterrühren. Alles zu einem weichen Teig kneten.

3 Etwas Öl in einer Pfanne erhitzen. Pro Küchlein 2 EL Teig hineingeben, flach drücken und bei mittlerer Hitze auf jeder Seite etwa 4 Minuten braten.

4 Währenddessen die Fenchelknollen halbieren, waschen, vom Strunk befreien und fein schneiden. Den Dill waschen, trocken tupfen und fein hacken. Beides mit Frischkäse und Sahne mischen, mit Salz und Cayennepfeffer abschmecken und zu den heißen Küchlein servieren.

Mexikanischer Gemüseauflauf

FÜR 4 PORTIONEN

1 EL Sonnenblumenöl

1 Stange Sellerie, gehackt

1 große Knoblauchzehe, zerdrückt

150 g Zwiebeln, gehackt

½ grüne Paprika, gehackt

1 TL Cayennepfeffer

400 g rote Kidneybohnen aus der Dose, abgetropft und abgespült

12 grüne Oliven, entsteint und in Scheiben geschnitten

1 EL Jalapeño-Paprika oder Peperoni, gehackt

75 g Mais aus der Dose, abgetropft

400 g gehackte Tomaten aus der Dose

1 EL Tomatenmark

Salz und schwarzer Pfeffer

Für den Maismehlteig

125 g Maismehl oder Polenta

1 EL Weißmehl

2 TL Backpulver

1 Ei, verquirlt

100 ml entrahmte Milch

25 g Edamer (30 % Fett i. Tr.), gerieben

ZUBEREITUNGSZEIT
90 Minuten

1 Den Backofen auf 200 °C (Gas: Stufe 3–4) vorheizen. Das Öl in einem Topf auf hoher Stufe erhitzen. Sellerie, Knoblauch, Zwiebeln und grüne Paprika zufügen und anbraten. Deckel auflegen, Temperatur herunterschalten und das Gemüse etwa 10 Minuten bei milder Hitze garen, bis es weich ist. Den Cayennepfeffer einrühren und 1 Minute garen.

2 Kidneybohnen, Oliven, Jalapeño-Paprika bzw. Peperoni, Mais, Tomaten und Tomatenmark einrühren und nach Belieben salzen und pfeffern. Alles zum Kochen bringen und 5 Minuten köcheln lassen, dann in eine große feuerfeste Auflaufform füllen.

3 Für den Teig Maismehl bzw. Polenta, Weißmehl, Backpulver und ½ TL Salz vermischen, dann das Ei und die Milch unterschlagen. Die Masse sollte die Konsistenz eines dickflüssigen Waffelteigs haben; falls nicht, noch 1–2 EL Milch zugeben.

4 Den Teig über das Gemüse geben, Käse darauf streuen und den Auflauf etwa 40 Minuten backen, bis der Teig aufgegangen ist und eine goldbraune Farbe hat. Den Auflauf vor dem Servieren 5 Minuten ruhen lassen.

Zwiebeln, Möhren und Sellerie im heißen Öl sautieren.

Abgespülte, abgetropfte Bohnen zur Suppe geben.

Mit dem Pürierstab ein Viertel der Suppe zerkleinern, damit sie leicht sämig wird.

Toskanische Bohnensuppe

FÜR 6 PORTIONEN

1 EL Olivenöl
2 mittelgroße Zwiebeln, grob gehackt
2 mittelgroße Möhren, grob gehackt
2 Stangen Sellerie, grob gehackt
900 ml Gemüsebrühe
1 Dose (840 g) stückige Tomaten im Saft
30 g Basilikum, gehackt
2 EL gehackter oder 1 TL getrockneter Oregano
1 Dose (400 g) rote Kidneybohnen
1 Dose (400 g) kleine weiße Bohnen
1 Dose (400 g) Kichererbsen
6 EL frisch geriebener Parmesan

ZUBEREITUNGSZEIT
45 Minuten

1 Einen großen beschichteten Schmortopf mittelstark erhitzen. Darin Zwiebeln, Möhren und Sellerie in etwa 5 Minuten weich dünsten. Brühe, Tomaten mit Püree, Basilikum und Oregano zufügen. Zum Kochen bringen. Hitze auf mittelniedrig senken, den Deckel spaltbreit geöffnet auflegen und weitere 10 Minuten kochen.

2 Kidneybohnen und weiße Bohnen sowie Kichererbsen in einem Sieb abspülen und abtropfen lassen. In die Suppe rühren. 10 Minuten köcheln, bis sich die Aromen entfalten. Von der Kochstelle nehmen.

3 Etwa ein Viertel der Suppe grob mit einem Stabmixer pürieren oder alternativ 500 ml Suppe in der Küchenmaschine sehr grob zerkleinern. Zurück in den Topf geben. Pro Person 500 ml Suppe servieren und mit je 1 EL Parmesan bestreuen.

Der gute Tipp

Dosenbohnen sind sehr salzhaltig, deshalb sollten sie vor der Verwendnung mehrmals unter fließend kaltem Wasser abgespült werden. Lassen Sie die Bohnen anschließend gut abtropfen, bevor Sie sie zur Suppe geben. Rechnen Sie pro Person mit 150–300 g gekochten Bohnen bzw. Bohnen aus der Dose, was etwa 50–100 g getrockneten Bohnenkernen entspricht.

Linseneintopf mit Zwiebeln

FÜR 4 PORTIONEN

1½ EL Pflanzenöl

3 Möhren, längs geviertelt und quer in feine Scheiben geschnitten

8 Knoblauchzehen, in feine Scheiben geschnitten

75 g Shiitake-Pilze, in Scheiben geschnitten

100 g rote Linsen, abgespült

200 g Tomaten, fein gewürfelt

600 ml Gemüsebrühe

je ¾ TL gemahlener Kreuzkümmel und Ingwer

½ TL getrockneter Salbei

225 g TK-Erbsen, aufgetaut, abgetropft

1 große Zwiebel, in feine Halbringe geschnitten

2 TL Zucker

Salz und schwarzer Pfeffer aus der Mühle

Zum Servieren

Brötchen

ZUBEREITUNGSZEIT

75 Minuten

1 In einem großen Topf 1 EL Öl erhitzen. Die Möhren zusammen mit dem Knoblauch bei mäßiger Hitze in etwa 5 Minuten weich dünsten.

2 Pilze, Linsen und Tomaten untermischen. Mit der Brühe aufgießen, mit Kreuzkümmel, Ingwer und Salbei würzen. Aufkochen, dann auf kleinerer Stufe zugedeckt 30 Minuten köcheln lassen, bis die Linsen gar sind. Die Erbsen 5 Minuten vor Ende der Garzeit untermischen.

3 Inzwischen in einer großen Pfanne das restliche Öl erhitzen. Die Zwiebelscheiben, mit Zucker bestreut, bei mäßiger Hitze 15–20 Minuten unter häufigem Rühren darin braten, bis sie leicht gebräunt sind.

4 Den Linseneintopf mit Salz und Pfeffer abschmecken. Die Zwiebeln daraufgeben und den Eintopf heiß servieren. Dazu Brötchen reichen.

Der gute Tipp

Ein Schuss Säure verfeinert jedes Linsengericht. Da ihr belebender Effekt jedoch durch die Kochhitze verloren gehen würde, erfolgt die Zugabe erst ganz zum Schluss. Sie können Zitronen- oder Limettensaft oder auch jeden beliebigen Essig verwenden. Rotwein- oder Balsamico-Essig passt besonders gut zu roten Linsen.

Linsen-Gemüse-Pfanne mit Kürbiskernen

FÜR 4 PORTIONEN

- 2 Dosen Linsen (Abtropfgewicht jeweils 265 g)
- 2 Möhren
- 1 Stange Lauch
- 1 Stange Sellerie
- 2 EL Öl
- 1 säuerlicher Apfel
- Salz
- Cayennepfeffer
- 1 Msp. abgeriebene Schale von 1 unbehandelten Zitrone
- 5 EL Gemüsebrühe
- 100 g Sahne
- 4 EL geröstete Kürbiskerne

ZUBEREITUNGSZEIT
30 Minuten

1 Die Linsen in ein Sieb schütten, abbrausen und gut abtropfen lassen. Möhren putzen, schälen und in Stifte schneiden. Lauch putzen, waschen, längs halbieren und quer in dünne Halbringe schneiden. Selleriestange waschen, putzen und in dünne Scheiben schneiden.

2 In einer großen Pfanne das Öl erhitzen und Möhren und Sellerie darin etwa 2 Minuten braten. Den Lauch hinzufügen und alles unter Rühren noch etwa 2 Minuten braten.

3 Inzwischen den Apfel waschen, achteln, entkernen und quer in dünne Scheiben schneiden. Mit den Linsen unter das Gemüse in der Pfanne mischen; mit Salz, Cayennepfeffer und Zitronenschale würzen.

4 Brühe und Sahne unter Gemüse, Linsen und Apfel rühren; alles offen noch etwa 5 Minuten köcheln lassen. Das fertige Gericht mit den Kürbiskernen bestreuen und servieren.

Der gute Tipp

Verfeinern Sie dieses Gericht mit Kräutern: Je einen gehackten Esslöffel Petersilie und Basilikum mit den gerösteten, gehackten Kürbiskernen mischen und die Linsenpfanne damit bestreuen.

VEGETARISCHE HAUPTGERICHTE 137

Mediterrane Kichererbsen-Gemüse-Pfanne

FÜR 4 PORTIONEN

1 Aubergine
1 Zucchini
1 große gelbe Paprikaschote
4 Schalotten
2 Knoblauchzehen
400 g kleine Strauchtomaten
1 Dose Kichererbsen
  (Abtropfgewicht 500 g)
2 Zweige Rosmarin
8 EL Olivenöl
2 TL Kräuter der Provence
Salz
frisch gemahlener Pfeffer
2 EL Weißweinessig
5 EL Gemüsebrühe

ZUBEREITUNGSZEIT
30 Minuten

1 Aubergine, Zucchini und Paprika putzen, waschen und in etwa 2 cm große Stücke schneiden. Schalotten und Knoblauch schälen, halbieren und in Streifen oder dünne Scheiben schneiden. Tomaten waschen und in Spalten schneiden.

2 Die Kichererbsen in ein Sieb schütten, kalt abbrausen und gut abtropfen lassen. Die Rosmarinzweige waschen und in Stücke teilen.

3 In einer großen Pfanne 4 EL Öl erhitzen. Die Auberginenstücke darin bei starker Hitze etwa 4 Minuten unter Wenden braten. Das übrige Öl (4 EL), die Zucchini- und die Paprikastücke sowie Schalotten, Knoblauch und Kräuter dazugeben; alles bei mittlerer Hitze etwa 4 Minuten braten. Salzen und pfeffern.

4 Kichererbsen und Tomaten unter das Gemüse in der Pfanne mischen und alles etwa 2 Minuten braten. Das Gemüse mit Essig und Brühe ablöschen und mit Salz und Pfeffer abschmecken.

Der gute Tipp

Das schmeckt dazu: Für einen Ajvardip 200 g Sahnejoghurt mit 2 TL scharfem Ajvar verrühren; salzen und pfeffern. Außerdem Baguette, Ciabatta oder Fladenbrot zur Kichererbsen-Gemüse-Pfanne reichen.

Karibischer Bohnentopf mit Paprika und Reis

FÜR 4 PORTIONEN

2 EL Öl

1 große Zwiebel, gewürfelt

1 rote Paprikaschote, gewürfelt

2 große Knoblauchzehen, zerdrückt

1–2 rote Chilischoten (oder nach Geschmack), von den Samen befreit und gehackt

150 g vegetarische Chorizo, gewürfelt

250 g Basmati-Reis, gewaschen

1 Dose Kokosmilch (400 ml)

600 ml heiße Gemüsebrühe

2 Thymianzweige, mehr Thymian zum Garnieren

1 Lorbeerblatt

1 Dose Augen- oder rote Kidneybohnen (400 g)

ZUBEREITUNGSZEIT

30 Minuten

1 Das Öl in einem großen Topf heiß werden lassen. Die Zwiebelwürfel darin mit Paprika, Knoblauch und Chili in etwa 5 Minuten glasig dünsten.

2 Erst die gewürfelte Wurst, dann den Reis untermischen und alles 1–2 Minuten pfannenrühren. Kokosmilch und Brühe angießen. Salzen, pfeffern und aufkochen lassen. Thymian und Lorbeer unterrühren und das Ganze zugedeckt 10 Minuten köcheln lassen. Die Bohnen in ein Sieb schütten, abspülen und abtropfen lassen.

3 Die Bohnen in den Topf geben und 5 Minuten mitgaren, bis sie heiß sind und der Reis weich ist. Das Lorbeerblatt entfernen. Das Gericht auf eine Servierplatte geben, mit Thymian bestreuen und sofort servieren.

Der gute Tipp

Chilischoten werden in unterschiedlicher Schärfe angeboten. Die Sorten Scotch bonnet, Habanero und Vogelaugenchilis zählen zu den schärfsten Schoten.

Grüne Penne mit Bohnen-Tomaten-Sauce

FÜR 4 PORTIONEN

1 EL Olivenöl

1 Möhre, diagonal in dünne Scheiben geschnitten

5 Knoblauchzehen, gehackt

½ TL Rosmarin, getrocknet und gerebelt

240 ml Tomatensaft

530 g weiße Bohnen (aus der Dose), abgespült und abgetropft

340 g Spinat-Penne

½ TL schwarzer Pfeffer, grob gemahlen

ZUBEREITUNGSZEIT

25 Minuten

1 Das Öl in einer großen Pfanne bei geringer Hitze heiß werden lassen. Karotten, Knoblauch und Rosmarin unter Rühren etwa 5 Minuten darin andünsten.

2 Tomatensaft und Salz dazurühren und aufkochen lassen. Die weißen Bohnen zugeben und mit einem Kartoffelstampfer etwa ein Viertel der Bohnen zerdrücken.

3 Inzwischen die Penne in kochendem Salzwasser nach Packungsanweisung bissfest garen. Die Nudeln in ein Sieb abgießen, dabei etwa 120 ml Nudelwasser auffangen und beiseite stellen.

4 Die heißen Penne in eine große Schüssel geben. Das Nudelwasser und den Pfeffer unter die Bohnen-Tomaten-Sauce rühren. Die Nudeln mit der Sauce gut vermischen.

Der gute Tipp

Für eine ausgewogene Mahlzeit reichen Sie als Vorspeise geröstete rote Paprikaschoten und fettarme Mozzarellawürfelchen sowie geröstetes Bauernbrot. Als Dessert passt ein Fruchtsalat.

Möhren, Knoblauch und Rosmarin in der Pfanne andünsten.

Ein Viertel der Bohnen im Tomatensaft vorsichtig mit einem Kartoffelstampfer zerdrücken, damit die Sauce cremig wird.

Die noch heißen Penne mit der Sauce in einer großen Schüssel gut mischen.

VEGETARISCHE HAUPTGERICHTE

Hülsenfruchtpfanne mit Spinat

FÜR 4 PORTIONEN

150 g grüne TK-Bohnen
Salz
1 rote Paprikaschote
150 g zarter Blattspinat
1 Zwiebel
2 Knoblauchzehen
1 Dose Kidneybohnen (Abtropfgewicht 250 g)
1 Dose Kichererbsen (Abtropfgewicht 250 g)
1 EL Olivenöl
frisch gemahlener Pfeffer
1 TL getrockneter Oregano
2 Tomaten
1 TL abgeriebene Schale von 1 unbehandelten Zitrone

ZUBEREITUNGSZEIT
30 Minuten

1 Die gefrorenen Bohnen in kochendes Salzwasser geben und etwa 5 Minuten garen. Anschließend abgießen, abschrecken und gut abtropfen lassen.

2 Paprikaschote putzen, waschen und in mundgerechte Stücke schneiden. Spinat waschen, verlesen und trocken schütteln. Zwiebel und Knoblauch schälen und fein würfeln. Kidneybohnen und Kichererbsen in ein Sieb schütten, kalt abbrausen und gut abtropfen lassen.

3 In einer großen Pfanne das Öl erhitzen. Zwiebel, Knoblauch und Paprika darin 2–3 Minuten braten. Die gegarten TK-Bohnen, die Kidneybohnen und die Kichererbsen hinzufügen und 3–4 Minuten mitdünsten. Mit Salz, Pfeffer und Oregano würzen.

4 Inzwischen die Tomaten waschen und etwa 2 cm groß würfeln; unter die Hülsenfruchtmischung heben.

5 Den Spinat auf dem Pfanneninhalt verteilen und zugedeckt in etwa 2 Minuten bei mittlerer Hitze zusammenfallen lassen, dann unter Hülsenfrüchte und Gemüse heben. Das Gericht mit Salz, Pfeffer und Zitronenschale abschmecken.

Der gute Tipp

2 EL gemischte gehackte Kräuter (z.B. Petersilie, Schnittlauch, Oregano) verleihen der Hülsenfruchtpfanne zusätzliches Aroma.

Indischer Linsenkuchen mit Kürbissauce

FÜR 4 PORTIONEN

Für den Linsenkuchen

125 g rote Linsen

125 g gelbe Linsen

1–2 grüne Chilischoten, entkernt und grob gehackt

1–2 getrocknete rote Chilischoten, entkernt und grob gehackt

1 EL frischer Koriander, gehackt

1 EL Curryblätter, grob gehackt

1 EL Ingwer, grob gehackt

½ TL Backpulver, 1 Ei

3 EL Sonnenblumenöl, Salz

60 g Zwiebeln, fein gehackt

Für die Sauce

225 g Kürbis, geschält, entkernt und in 2,5 cm große Würfel geschnitten

1–2 grüne Chilischoten, entkernt und grob gehackt

10–12 Curryblätter, grob gehackt

1 EL Ingwer, grob gehackt

1 TL Zucker

175 g fettarmer Joghurt

2 TL Sonnenblumenöl

½ TL schwarze Senfkörner

1 getrocknete rote Chilischote, entkernt und grob gehackt

Zum Garnieren

frischer Koriander, gehackt und ganze Curryblätter

ZUBEREITUNGSZEIT
20 Minuten

1 Die Linsen waschen und 4–5 Stunden oder über Nacht einweichen.

2 Den Backofen auf 190 °C (Gas: Stufe 3) vorheizen. Eine feuerfeste Form von etwa 18 × 23 cm Größe mit Backpapier auslegen.

3 Die Linsen gut abtropfen und mit Chilischoten, Koriander, Curryblättern, Ingwer, Backpulver, Ei, Öl und Salz in der Küchenmaschine zu einem glatten Brei verarbeiten, dann die Zwiebeln zufügen und kurz zerkleinern, aber nicht pürieren. Die Mischung in die Backform geben und glatt streichen. Auf der obersten Schiene etwa 45 Minuten backen, bis der Kuchen oben braun ist.

4 In der Zwischenzeit die Sauce zubereiten. Den Kürbis mit grünen Chilis, Curryblättern, Ingwer und Zucker in einen Topf geben und nach Belieben salzen. 50 ml Wasser zufügen, zudecken und unter gelegentlichem Rühren 8–10 Minuten köcheln, bis der Kürbis weich ist. Von der Kochstelle nehmen, abkühlen lassen, dann in der Küchenmaschine oder mit dem Handrührgerät pürieren.

5 Den Joghurt unter das Kürbispüree mischen. Die Sauce in eine Servierschüssel geben, zudecken und bis zum Verzehr kalt stellen.

6 Den Kuchen aus dem Ofen nehmen, Backpapier entfernen und den Kuchen in Scheiben schneiden. In einem kleinen Topf das Öl für die Sauce auf mittlerer Stufe erhitzen. Wenn es heiß ist, die Senfkörner hineingeben und Deckel auflegen. Sobald die Körner springen, den Deckel abnehmen, die rote Chilischote zufügen und so lange braten, bis sie schwarz zu werden beginnt, dann das Würzöl heiß über die Kürbissauce gießen.

7 Den Linsenkuchen auf 4 Teller verteilen, daneben die Kürbissauce anrichten und mit gehacktem Koriander und ganzen Curryblättern servieren.

Gemüsecurry mit Süßkartoffeln und Joghurt

FÜR 2 PORTIONEN
150 g grüne Bohnen
1–2 Stängel Bohnenkraut
Salz
2 Bund Frühlingszwiebeln
1 rote Chilischote
5 g frischer Ingwer
150 g Möhren
100 g festkochende Kartoffeln
250 g Süßkartoffeln
4 EL Olivenöl
¼ TL gemahlener Kardamom
1 TL Kurkuma
je 2 Msp. Kreuzkümmel und Paprikapulver
1 Msp. gemahlene Gewürznelke
125 ml Kokosmilch
200 ml kräftige Gemüsebrühe
6 EL Naturjoghurt

ZUBEREITUNGSZEIT
60 Minuten

1 Die Bohnen putzen, waschen und schräg in Stücke schneiden. Das Bohnenkraut waschen. Die Bohnen mit dem Bohnenkraut in kochendem Salzwasser bissfest garen. In ein Sieb abgießen, kalt abschrecken und abtropfen lassen. Das Bohnenkraut entfernen.

2 Die Frühlingszwiebeln putzen und waschen. Die grünen Teile in feine Streifen schneiden, die weißen fein hacken. Die Chilischote längs halbieren, entkernen, waschen und in feine Streifen schneiden. Den Ingwer schälen, fein hacken oder reiben. Möhren, Kartoffeln und Süßkartoffeln schälen und in kleine Würfel schneiden.

3 In einem Topf 2 EL Öl erhitzen, die weißen Frühlingszwiebelteile, die Chilistreifen, den Ingwer und die Gewürze darin kurz dünsten. Drei Viertel der Zwiebel-Gewürz-Mischung aus dem Topf nehmen und beiseitestellen.

4 Das restliche Öl in den Topf geben. Kartoffeln, Süßkartoffeln und Möhren darin anbraten. Kokosmilch und Gemüsebrühe in den Topf gießen und alles zugedeckt etwa 15 Minuten köcheln lassen.

5 Bohnen, Frühlingszwiebelgrün und die beiseitegestellte Zwiebel-Gewürz-Mischung (bis auf 1 EL) zu den Zutaten in den Topf geben.

6 Das Gemüsecurry 5 Minuten weitergaren und mit Salz abschmecken. Den Joghurt mit der restlichen Zwiebel-Gewürz-Mischung (1 EL) in einer kleinen Schüssel verrühren. Das Curry auf zwei vorgewärmte Teller verteilen. Mit dem Würz-Joghurt anrichten und servieren.

VEGETARISCHE HAUPTGERICHTE

Spiralen mit roten Linsen

FÜR 4 PORTIONEN
200 g rote Linsen
600 ml Gemüsebrühe
1 Lorbeerblatt
1 Liebstöckelzweig oder
½ TL getrockneter Liebstöckel
Salz
400 g Dinkel-Spiralnudeln oder andere Vollkornnudeln
250 g Tomaten
1 grüne Paprikaschote
1 Knoblauchzehe
2 EL Olivenöl
frisch gemahlener Pfeffer
½ TL gemahlener Koriander
½ Bund Petersilie
2 Frühlingszwiebeln
1 EL Kräuteressig

ZUBEREITUNGSZEIT
25 Minuten

1 Die Linsen waschen und abtropfen lassen. Die Gemüsebrühe in einem Topf aufkochen lassen. Mit Lorbeerblatt und Liebstöckel würzen. Die Linsen in die Brühe geben und in etwa 10 Minuten darin weich garen.

2 Inzwischen in einem zweiten Topf Wasser mit Salz zum Kochen bringen. Die Nudeln darin nach Packungsangabe bissfest garen.

3 Während die Nudeln garen, die Tomaten waschen, von den grünen Stielansätzen befreien und in Würfel schneiden. Die Paprikaschote putzen, waschen und in Stücke schneiden. Den Knoblauch schälen, salzen und zerdrücken.

4 In einem weiteren großen Topf 1 EL Olivenöl erhitzen. Die Paprikastreifen darin unter gelegentlichem Wenden 2 Minuten braten. Tomaten dazugeben und 5 Minuten miterhitzen, dabei gelegentlich umrühren. Mit Salz, Pfeffer, Knoblauch und Koriander würzen.

5 Die Linsen mitsamt Garflüssigkeit zur Tomatenmischung geben und 5 Minuten ziehen lassen. Währenddessen die Petersilie waschen und fein hacken. Die Frühlingszwiebeln putzen, waschen und fein zerkleinern.

6 Die Nudeln abgießen, kurz abtropfen lassen und unter die Linsen mischen. Mit Salz, Pfeffer und Kräuteressig abschmecken. Petersilie und Frühlingszwiebeln untermischen.

7 Die Linsen-Nudel-Mischung auf vorgewärmte Teller verteilen. Mit dem restlichen Olivenöl (1 EL) beträufeln und sofort servieren.

Tagliatelle mit Linsen und Zucchini

FÜR 4 PORTIONEN
150 g geschälte rote Linsen
1 EL Olivenöl
1 große Zucchini, entkernt, in Würfel geschnitten
125 ml Gemüsefond (Glas)
125 ml trockener Weißwein
schwarzer Pfeffer
Salz
350 g Tagliatelle
50 g Schlagsahne
150 ml fettarme Milch
1 Prise geriebene Muskatnuss
30 g Parmesan, frisch gerieben

Zum Garnieren
einige Basilikumblättchen

ZUBEREITUNGSZEIT
35 Minuten

1 Die Linsen in reichlich Wasser 6 Minuten garen. Falls nötig, den Schaum, der sich nach dem ersten Aufkochen auf der Oberfläche des Kochwassers bildet, abschöpfen.

2 Das Öl in einer großen Pfanne erhitzen und die Zucchiniwürfel darin bei mittlerer Hitze dünsten. Linsen abgießen, abtropfen lassen und zugeben. Gemüsefond, Wein, Pfeffer und Salz zufügen, alles offen etwa 10 Minuten köcheln.

3 In der Zwischenzeit die Nudeln nach Packungsanweisung in reichlich leicht gesalzenem Wasser bissfest garen.

4 Die Sahne und die Milch zum Linsen-Zucchini-Gemüse geben und das Ganze mit Pfeffer und Muskat herzhaft abschmecken. Alles nochmals kurz aufkochen.

5 Die Nudeln abgießen und mit dem Parmesan unter das Gemüse mischen. Mit den Basilikumblättchen garnieren und sofort servieren.

Die Linsen vorgaren und den Schaum, der sich nach dem ersten Aufkochen bildet, mit der Schaumkelle abschöpfen.

Zucchini halbieren, Kerne mit einem Teelöffel herauskratzen, die Frucht würfeln.

Nudeln und Parmesan zur Linsen-Zucchini-Mischung geben und vermengen.

VEGETARISCHE HAUPTGERICHTE

Sobanudeln mit Linsen und Gemüse

FÜR 4 PORTIONEN
125 g kleine braune Linsen
1 Lorbeerblatt
2 TL Olivenöl
3 Knoblauchzehen, gehackt
100 g rote Zwiebeln, gehackt
75 g Möhren, fein gewürfelt
1 Stange Sellerie, fein gehackt
2 TL Dijonsenf
2 EL trockener Sherry
Salz, schwarzer Pfeffer
150 g frischer Blattspinat, grob zerkleinert
250 g getrocknete Sobanudeln
2 EL frische Petersilie, gehackt

ZUBEREITUNGSZEIT
30 Minuten

1 Die Linsen über Nacht einweichen. Mit dem Lorbeerblatt in einen Kochtopf geben, kaltes Wasser zugießen, bis sie bedeckt sind, und aufkochen. Dann die Hitze drosseln und die Linsen bei milder Hitze 10–15 Minuten köcheln lassen, bis sie weich sind. Abgießen und beiseite stellen.

2 In der Zwischenzeit das Olivenöl in einem beschichteten Topf auf sehr kleiner Flamme erhitzen. Knoblauch und Zwiebeln hineingeben, den Deckel auflegen und in 7–10 Minuten glasig dünsten. Mittlerweile in einem großen Topf Wasser für die Nudeln aufkochen.

3 Die abgetropften Linsen sowie Möhren, Sellerie, Senf und Sherry zu den Zwiebeln geben, mit Salz und Pfeffer würzen und verrühren. Auf mittlerer Flamme zugedeckt 2 Minuten garen.

4 Den Spinat und 75 ml heißes Wasser zugeben, wieder zudecken und rund 1 Minute weitergaren, bis das Gemüse zusammenfällt; bei Bedarf noch etwas Wasser einrühren. Abschmecken.

5 Die Sobanudeln im kochenden, gesalzenen Wasser nach Packungsanweisung in wenigen Minuten weich kochen.

6 Die Nudeln abgießen und etwas Kochwasser aufbewahren. Die Linsenmischung und die Petersilie gut mit den Nudeln vermengen und bei Bedarf noch etwas Kochwasser zufügen. Nochmals abschmecken und servieren.

Der gute Tipp
Für dieses Gericht eignen sich französische Puy-Linsen am besten, weil sie ihre Form und Konsistenz beim Kochen besser bewahren als andere Linsensorten.

Hauptgerichte mit Fleisch und Fisch

Zander mit buntem Pfeffer und breiten Bohnen

FÜR 4 PORTIONEN

3 Zweige Bohnenkraut
600 g breite grüne Bohnen, in 5 cm lange Stücke geschnitten
4 Zanderfilets (je 150 g)
Salz
schwarzer Pfeffer
10 g weiche Butter
½ unbehandelte Zitrone
1 TL grob geschroteter bunter Pfeffer (oder nach Belieben)
2 EL Olivenöl

ZUBEREITUNGSZEIT
35 Minuten

1 In einen breiten Topf oder Dämpftopf 2 cm hoch Wasser füllen, das Bohnenkraut hineinlegen. Die Bohnen in den passenden Dämpfeinsatz geben und diesen in den Topf setzen. Den Topf fest verschließen. Wasser aufkochen. Die Bohnen bei mittlerer Hitze etwa 10 Minuten dämpfen.

2 In der Zwischenzeit den Backofen auf 200 °C vorheizen. Die Zanderfilets mit Salz und Pfeffer würzen. 4 große Stücke Alufolie jeweils in der Mitte mit Butter bestreichen. Die Fischfilets darauflegen.

3 Von der Zitronenhälfte ein etwa 10 cm langes Stück Schale dünn abschneiden, dieses in sehr feine Streifen schneiden. Zitronenhälfte auspressen. 2 EL Zitronensaft über die Fischstücke träufeln, Zitronenschalenstreifen, bunten Pfeffer und Olivenöl auf die Zanderfilets verteilen.

4 Die Alufolienstücke zu Päckchen falten. An den Enden mehrfach zusammendrücken, damit kein Saft austreten kann. Die Päckchen auf ein Backblech setzen. Den Fisch im heißen Ofen 15 Minuten garen.

5 Die gedämpften Bohnen auf vorgewärmten Tellern anrichten. Fischfilets aus den Päckchen nehmen und auf die Bohnen setzen, den Garsud darübergießen. Sofort servieren. Dazu passen Ofenkartoffeln oder Tomatenrisotto.

Der gute Tipp

Zander ist ein Süßwasserfisch, der zur Barschfamilie gehört. Geschmacklich ähnelt er dem Hecht; er hat aber weniger Gräten als dieser. Das Gericht können Sie auch mit Forelle oder einem Seefisch wie Kabeljau zubereiten.

4 große Stück Alufolie jeweils in der Mitte mit Butter bestreichen, die Fischfilets drauflegen.

Die Alufolienstücke zu Päckchen falten. An den Enden falzen, damit kein Saft austreten kann.

Die Fischfilets vorsichtig aus den Folienpäckchen nehmen, damit sie nicht auseinanderfallen, und auf die Bohnen setzen. Saft aus den Päckchen darüberträufeln.

HAUPTGERICHTE MIT FLEISCH UND FISCH

Lammcurry mit Bohnen und Cashewnüssen

FÜR 4 PORTIONEN

- 600 g mageres Lammfleisch (aus der Keule)
- 3 Kardamomkapseln
- 1/2 Zimtstange, zerbröckelt
- 3 Gewürznelken
- 1 EL Korianderkörner
- 100 g geröstete, gesalzene Cashewkerne
- 3 cm frischer Ingwer, gehackt
- 2 Knoblauchzehen, gehackt
- 2 EL Sonnenblumenöl
- 4 Schalotten, gewürfelt
- 400 g feine grüne Bohnen, in 4 cm langen Stücken
- 175 g Joghurt (möglichst Bulgara)
- 1 TL edelsüßes Paprikapulver
- 250 ml Lammfond (Glas) oder Brühe
- Salz, schwarzer Pfeffer
- Zitronensaft
- 200 g brauner Basmatireis, gekocht

ZUBEREITUNGSZEIT
80 Minuten

1 Das Fleisch in 4 cm große Stücke schneiden, Fett und Sehnen dabei entfernen. Kardamomkapseln öffnen; Samen herauslösen.

2 Die Hälfte der Cashewkerne, Ingwer, Knoblauch, Zimt, Kardamom, Nelken und Koriander in den Blitzhacker geben, 2 EL Wasser zufügen; alles zu einer feinen Paste verarbeiten.

3 Öl in einer hohen Pfanne oder in einem Wok stark erhitzen, die Schalotten darin glasig dünsten. Bohnen zugeben und kurz mitdünsten; Würzpaste zufügen und kräftig anbraten. Erst das Paprikapulver, dann den Joghurt unterrühren. Fleisch in die Pfanne oder den Wok geben und untermischen, dann Fond oder Brühe zugießen. Zugedeckt bei mittlerer Hitze 45 Minuten schmoren.

4 Das Gericht vor dem Servieren mit Salz, Pfeffer und Zitronensaft abschmecken. Mit den restlichen Cashewkernen bestreuen und mit duftendem Basmatireis servieren.

Der gute Tipp

Besonders aromatisch wird die Würzpaste, wenn man Gewürznelken, Zimtstangen, Kardamomsamen und Korianderkörner vor dem Zerkleinern 10 Minuten im 80 °C heißen Backofen röstet. Die ätherischen Öle können sich zudem besser entfalten, wenn man die Gewürze im Mörser mit dem Stößel fein mahlt.

Frühlingsgemüse mit Nudeln

FÜR 4 PORTIONEN

350 g Penne oder andere Nudeln
200 g junger grüner Spargel, geputzt
200 g grüne Bohnen, geputzt und in 3 cm lange Stücke geschnitten
150 g junge Erbsen, geschält
1 EL natives Olivenöl extra
1 Zwiebel, gewürfelt
1 Knoblauchzehe, gehackt
85 g Pancetta oder durchwachsener magerer Speck, gehackt
100 g Champignons, in dünne Scheiben geschnitten
1 EL Mehl
1 EL Zitronensaft
250 ml Gemüsebrühe
4 EL Schlagsahne
2 EL gemischte frische Kräuter (z. B. Petersilie und Thymian), gehackt
Salz, Pfeffer

ZUBEREITUNGSZEIT
45 Minuten

1 Die Nudeln in Salzwasser nach Packungsanweisung bissfest garen. Abgießen und abtropfen lassen.

2 Während die Nudeln kochen, die Spargelstangen in 3,5 cm lange Stücke schneiden. Die Spargelspitzen beiseitelegen. In einem Topf Wasser aufkochen. Die grünen Bohnen, die Erbsen und die Spargelstangenstücke darin 5 Minuten sprudelnd kochen lassen. Die Spargelspitzen dazugeben und alles weitere 2 Minuten garen. Das Gemüse abgießen und sehr gut abtropfen lassen.

3 Das Öl in einem Topf erhitzen. Die Zwiebelwürfel darin 3–4 Minuten dünsten. Knoblauch, Pancetta oder Speck und Pilze zufügen. Alles unter gelegentlichem Rühren weitere 2 Minuten anbraten.

4 Das Mehl untermischen, Zitronensaft dazugeben und nach und nach die Brühe angießen. Alles unter Rühren aufkochen. Köcheln lassen, bis die Sauce andickt. Sahne und Kräuter unterrühren, alles mit Salz und Pfeffer abschmecken. Das Gemüse in die Sauce geben und in 1–2 Minuten erhitzen, aber nicht kochen lassen. Die Nudeln auf vier tiefe Teller verteilen, die Sauce darübergeben und servieren.

Der gute Tipp

Wer Wasser zum Kochen bringen will, kann rund ein Drittel Zeit und Energie sparen, wenn er einen Deckel auf den Topf legt. Der Grund: Die Hitze ist auf dem Topfboden, der direkt auf der heißen Herdplatte steht, am größten. Sie steigt nach oben auf und entweicht, wenn kein Deckel auf dem Topf liegt.

Schollenröllchen auf Linsengemüse

FÜR 4 PORTIONEN

250 g braune Linsen
1 Lorbeerblatt
2 Zwiebeln, in kleine Würfel geschnitten
1 EL Olivenöl
2 Möhren, in kleine Würfel geschnitten
2 Selleriestangen, in kleine Würfel geschnitten
1 Petersilienwurzel, in kleine Würfel geschnitten
150 ml trockener Weißwein
2 TL Balsamico-Essig
Salz
schwarzer Pfeffer
8 Schollenfilets (je etwa 80 g)
20 g weiche Kräuterbutter
1 TL abgeriebene Zitronenschale
10 g Butter

ZUBEREITUNGSZEIT
70 Minuten

1 Die Linsen in einem Topf mit reichlich Wasser bedecken. Das Lorbeerblatt und die Hälfte der Zwiebeln dazugeben. Alles aufkochen und die Linsen zugedeckt bei mittlerer Hitze in 30 Minuten gut bissfest garen.

2 Das Olivenöl in einer hohen Pfanne erhitzen. Die restliche Zwiebel sowie die Möhren, den Sellerie und die Petersilienwurzel darin andünsten. Linsen abgießen und zum Gemüse geben. 50 ml Wein, 100 ml Linsenflüssigkeit und Balsamico-Essig angießen; mit Salz und Pfeffer würzen. Zugedeckt bei schwacher Hitze 10 Minuten schmoren.

3 Die Schollenfilets auf einer Arbeitsfläche ausbreiten. Salzen und pfeffern, mit Kräuterbutter bestreichen und mit Zitronenschale bestreuen. Die Filets aufrollen und mit Küchengarn fixieren.

4 Die Butter in einer beschichteten Pfanne erhitzen. Die Fischröllchen darin anbraten. Dann den übrigen Wein angießen und die Schollenröllchen zugedeckt bei schwacher Hitze in 6 Minuten garen lassen. Das Linsengemüse auf Teller verteilen, die Röllchen daraufsetzen; sofort servieren. Reichen Sie dazu körnig gekochten Reis.

Der gute Tipp

Wenn Sie Zeit sparen wollen, verwenden Sie einfach Linsen aus der Dose. Ihr Nährwert steht frisch gegarten Linsen in nichts nach.

Die Schollenfilets mit Kräuterbutter bestreichen und mit Zitronenschale bestreuen, dann aufrollen und mit Garn fixieren.

Die Schollenröllchen rundum anbraten. Dabei vorsichtig wenden, denn sie fallen leicht auseinander.

HAUPTGERICHTE MIT FLEISCH UND FISCH

Sauerkraut-Bohnen-Topf mit Speck

FÜR 4 PORTIONEN
250 g durchwachsener geräucherter Speck
2 Zwiebeln
2 Knoblauchzehen
2 rote Paprikaschoten
2 EL Butterschmalz
500 g Sauerkraut
2 EL Zucker
1 EL edelsüßes Paprikapulver
1 TL getrockneter Majoran
1 TL Kümmel
900 ml Fleischbrühe
1 Dose weiße Bohnen (Abtropfgewicht 500 g)
Salz
frisch gemahlener Pfeffer

ZUBEREITUNGSZEIT
30 Minuten

1 Speck quer in etwa 0,5 cm dicke Scheiben schneiden. Zwiebeln schälen, halbieren und in feine Streifen schneiden. Knoblauch schälen und fein hacken. Paprikaschoten putzen, waschen und in etwa 2 cm große Stücke schneiden.

2 In einem Topf das Butterschmalz erhitzen. Speck, Zwiebeln und Knoblauch darin 3 Minuten braten, dabei mehrfach wenden.

3 Das Sauerkraut dazugeben. Mit Zucker, Paprikapulver, Majoran und Kümmel bestreuen. Die Brühe dazugießen; alles zugedeckt aufkochen und etwa 10 Minuten köcheln lassen.

4 Inzwischen die Bohnen in ein Sieb schütten, waschen und abtropfen lassen. Etwa 5 Minuten vor Ende der Garzeit zum Sauerkraut geben und mitgaren. Den Eintopf mit Salz und Pfeffer abschmecken.

Der gute Tipp

Als Alternative 250 g weiße Bohnen durch 250 g in Scheiben geschnittene Cabanossi ersetzen. Diese in Schritt 4 mit 250 g weißen Bohnen etwa 5 Minuten vor Ende der Garzeit zum Sauerkraut geben.

Orientalische Kichererbsensuppe mit Rindfleisch

FÜR 4 PORTIONEN

1 Zwiebel
6 Stängel Petersilie
3 EL Olivenöl
400 g Rinderhackfleisch
1 l Rinderbrühe
50 g Langkornreis
2 Messerspitzen gemahlener Safran
¼ TL gemahlener Ingwer
½ TL gemahlener Koriander
1 Zimtstange
Salz
frisch gemahlener Pfeffer
1 Dose Kichererbsen (Abtropfgewicht 240 g)
2 EL Kichererbsenmehl
1 Dose gehackte Tomaten (400 g)
1 EL Tomatenmark
4 Stängel Koriandergrün
1 EL Zitronensaft

ZUBEREITUNGSZEIT
30 Minuten

1 Zwiebel schälen und in Würfel schneiden. Petersilie waschen, Blättchen abzupfen und grob hacken. 2 EL Olivenöl in einem Topf erhitzen. Hackfleisch und Zwiebel darin etwa 2 Minuten braten. Die Brühe dazugießen, Reis und Petersilie hinzufügen. Mit Safran, Ingwer, Koriander, Zimt, Salz und Pfeffer würzen.

2 Die Suppe zugedeckt 15 Minuten köcheln lassen. Inzwischen die Kichererbsen abtropfen lassen und das Kichererbsenmehl mit 100 ml Wasser anrühren.

3 Gehackte Tomaten und Kichererbsen in die Suppe geben. Tomatenmark und angerührtes Kichererbsenmehl unterrühren. Die Suppe einmal aufkochen, dann 5 Minuten bei schwacher Hitze köcheln lassen.

4 Inzwischen das Koriandergrün waschen und trocken schütteln; die Blättchen abzupfen. Die Suppe mit Zitronensaft abschmecken. Mit dem restlichen Olivenöl (1 EL) beträufeln und mit Koriandergrün bestreuen. Sofort servieren.

Der gute Tipp

Die Suppe lässt sich gut am Vorabend bis einschließlich Schritt 3 zubereiten. Vor dem Servieren die Suppe erhitzen, mit Zitronensaft abschmecken und mit Kräuterblättchen bestreuen.

Die eingeweichten Bohnenkerne in ein Sieb schütten und mit kaltem Wasser abspülen.

Vor dem Servieren mit einem kleinen Löffel Kernöl über jede Portion Eintopf träufeln, dann erst mit Petersilie bestreuen.

Steirischer Käferbohnentopf

FÜR 4 PORTIONEN

250 g getrocknete Käferbohnenkerne
Salz
2 EL Sonnenblumenöl
1 kleine Gemüsezwiebel, grob gewürfelt
2 Knoblauchzehen, in dünne Scheiben geschnitten
2 Möhren, in 1 cm große Würfel geschnitten
1 große Pastinake, in 1 cm große Würfel geschnitten
1 große Kartoffel, in 1 cm große Würfel geschnitten
1 Stange Lauch, in Halbringe geschnitten
1 gehäufter EL Mehl
750 ml heißes Wasser
schwarzer Pfeffer
300 g mageres Selchfleisch oder Kasseler
1 EL Kürbiskernöl
gehackte Petersilie

ZUBEREITUNGSZEIT
80 Minuten

1 Bohnenkerne mit kaltem Wasser bedecken und über Nacht einweichen. Anschließend abgießen, abspülen und in einen Topf geben. Mit Salzwasser bedecken und in etwa 1 Stunde weich garen. In ein Sieb schütten, mit kaltem Wasser abschrecken.

2 Das Öl in einem großen Topf erhitzen. Zwiebel und Knoblauch hineingeben und glasig werden lassen. Möhren-, Pastinaken- und Kartoffelwürfel sowie den Lauch zugeben und unter Rühren kurz mitdünsten.

3 Das Mehl über die Gemüsemischung streuen; unterrühren. Unter ständigem Rühren das Wasser zugießen und alles aufkochen lassen, dann salzen und pfeffern. Das Ganze etwa 20 Minuten köcheln lassen, dabei gelegentlich umrühren.

4 Das Fleisch in etwa 1 cm große Würfel schneiden. Mit den Bohnen in die Gemüsesuppe geben und beides heiß werden lassen.

5 Den Eintopf auf tiefe Teller verteilen. Die Portionen mit etwas Kernöl beträufeln, mit Petersilie garnieren und servieren. Dazu passt Bauernbrot.

Der gute Tipp

Geben Sie in das Bohnenkochwasser noch 2 Lorbeerblätter und einige Zweige Bohnenkraut. Dadurch bekommen die Bohnen einen besonders guten Geschmack und ihre blähende Wirkung wird vermindert.

Chili mit roten Bohnen und grünen Linguine

FÜR 4 PORTIONEN

2 TL Olivenöl

2 große Zwiebeln, fein gehackt

3 Knoblauchzehen, klein gehackt

225 g mageres Rinderhackfleisch

2 EL Chilipulver

1 TL Zimt

400 g Tomatenfruchtfleisch in Stücken mit Saft

420 g Kidneybohnen, abgespült und abgetropft

60 ml Wasser

3 EL Tomatenmark

2 TL brauner Zucker

2 TL Kakaopulver, ungesüßt

¾ TL Salz

230 g Spinatlinguine

4 Schalotten, in feine Ringe geschnitten

ZUBEREITUNGSZEIT

40 Minuten

1 Das Öl in einer großen beschichteten Pfanne bei mittlerer Hitze heiß werden lassen. Zwiebeln und Knoblauch unter Rühren etwa 10 Minuten darin braun anbraten.

2 Hackfleisch, Chilipulver und Zimt in die Pfanne geben und etwa 5 Minuten braten, bis das Fleisch nicht mehr rosafarben ist.

3 Tomaten, Bohnen, Wasser, Tomatenmark, Zucker, Kakao und Salz unterrühren und alles etwa 10 Minuten köcheln lassen.

4 Inzwischen die Linguine nach Packungsanweisung in kochendem Salzwasser bissfest garen. Die Nudeln durch ein Sieb abgießen, in eine große Schüssel geben und mit der Chilisauce und den Schalotten gut vermischt servieren.

Scharfe Bohnensuppe mit Brätklößchen

FÜR 4 PORTIONEN

1 Zwiebel
2 Knoblauchzehen
1 rote Chilischote
5 EL Olivenöl
1 EL rosenscharfes Paprikapulver
1 EL Zucker
1 EL Tomatenmark
400 EL gehackte Tomaten (Dose)
4 EL Rotweinessig
600 ml kräftige Fleisch- oder Hühnerbrühe
300 g Kalbsbrät (aus rohen Kalbsbratwürstchen)
1 Dose weiße Bohnen (Abtropfgewicht 250 g)
1 Dose Kidneybohnen (Abtropfgewicht 250 g)
1 Dose schwarze Bohnen (Abtropfgewicht 230 g)
Salz
frisch gemahlener Pfeffer

ZUBEREITUNGSZEIT
30 Minuten

1 Zwiebel und Knoblauch schälen und fein würfeln. Chilischote längs halbieren, entkernen und in feine Streifen schneiden.

2 In einem Topf 3 EL Öl erhitzen. Zwiebel, Knoblauch und Chilischote darin kurz dünsten. Paprikapulver und Zucker darüberstreuen, Tomatenmark, Tomaten und Rotweinessig daruntermischen. Die Brühe dazugießen; aufkochen und alles offen etwa 10 Minuten köcheln lassen.

3 Inzwischen das Kalbsbrät mit leicht angefeuchteten Händen zu 12 kleinen Bällchen formen. Das übrige Öl (2 EL) in einer großen Pfanne erhitzen, die Bällchen darin rundherum 4–5 Minuten braten.

4 Inzwischen alle Bohnen in ein Sieb schütten, waschen und abtropfen lassen. In den Topf geben und alles 5 Minuten köcheln lassen. Mit Salz und Pfeffer abschmecken. Die Bohnensuppe in tiefen Tellern mit den Klößchen anrichten.

Der gute Tipp

Für ein besonderes Aroma: Von 3–4 Zweigen Majoran die Blättchen abzupfen und hacken. Zwei Drittel davon mit den Bohnen zum Eintopf geben, die restlichen darüberstreuen.

Bohnen mit Wasser in eine Schüssel geben und über Nacht einweichen lassen, evtl. in den Kühlschrank stellen.

Die Bohnen durch ein Sieb abgießen.

Die eingeweichten Bohnen mit frischem Wasser in einen Topf geben und Zwiebel, Paprika und Gewürze zufügen.

Schweinefilet mit roten Bohnen

FÜR 4 PORTIONEN

200 g rote getrocknete Bohnen, verlesen und gewaschen
1 große Zwiebel, fein gehackt
2 grüne Paprikaschoten, in kleine Würfel geschnitten
6 Knoblauchzehen, klein gehackt
1 Lorbeerblatt
2 TL Olivenöl
280 g Schweinefilet, in 1 cm große Stücke geschnitten
300 g Dosentomaten in Stücken
2 EL Sirup
1 EL brauner Zucker
3/4 TL Zimt
3/4 TL Ingwer, gemahlen
3/4 TL Salz
1/4 TL Piment

ZUBEREITUNGSZEIT
140 MINUTEN

1 Die Bohnen über Nacht in Wasser einweichen. Dieses sollte 2–3 cm über den Bohnen stehen. Dann das Wasser abgießen.

2 Die Bohnen mit reichlich frischem Wasser in einen großen Topf geben und aufkochen. Die Hitze reduzieren. Zwiebel, eine halbe Paprika, Knoblauch und Lorbeerblatt zugeben, Deckel auflegen und etwa 1½ Stunden kochen lassen. Lorbeerblatt entfernen, Wasser abgießen, dabei 180 ml auffangen. (Bis hierhin können die Bohnen schon im Voraus zubereitet werden.)

3 Das Öl in einem Schmortopf bei mittlerer Hitze heiß werden lassen. Das Schweinefleisch darin etwa 5 Minuten kräftig anbraten. Die restlichen Paprikastücke, Knoblauch, Tomaten, Sirup, Zucker, Zimt, Ingwer, Salz und Piment unterrühren.

4 Bohnen und aufgefangene Flüssigkeit zugeben und aufkochen lassen. Die Hitze reduzieren und alles etwa 30 Minuten köcheln, bis das Fleisch gar ist.

Der gute Tipp

Um Zeit zu sparen, verwenden Sie 400 g Pintobohnen aus der Dose und verzichten auf Schritt 1–2. Lassen Sie 1 Paprikaschote, 3 Knoblauchzehen und das Lorbeerblatt weg. Geben Sie Zwiebel und Paprikaschote bei Schritt 3 dazu. Statt Kochflüssigkeit 180 ml Wasser oder Brühe nehmen.

Berglinsen mit geräucherter Entenbrust

FÜR 4 PORTIONEN

300 g Berglinsen
1 Lorbeerblatt
750 ml Gemüsebrühe
2 Schalotten
1 Knoblauchzehe
1 kleine Stange Lauch
1 große Möhre
3 EL Olivenöl
250 ml Entenfond oder Hühnerbrühe
4 Petersilienstängel
1 EL Orangenmarmelade
1 EL Sherryessig
Salz
frisch gemahlener Pfeffer
200 g geräucherte Entenbrust, in 2 mm dicken Scheiben

ZUBEREITUNGSZEIT
30 Minuten

1 Die Linsen waschen und abtropfen lassen. Mit dem Lorbeerblatt und der Gemüsebrühe in einen Topf geben. Alles aufkochen und die Linsen in etwa 30 Minuten weich garen.

2 In der Zwischenzeit die Schalotten schälen und fein würfeln. Den Knoblauch schälen und fein hacken. Den Lauch putzen, waschen und in feine Streifen schneiden. Die Möhre putzen, schälen und in kleine Würfel schneiden.

3 In einem zweiten Topf 1 EL Olivenöl erhitzen. Die Schalottenwürfel, den Knoblauch und das Gemüse darin 2 Minuten dünsten. Fond oder Brühe dazugießen und zum Kochen bringen. Das Gemüse 3 Minuten garen. Die Petersilie waschen und die Blättchen fein hacken.

4 Gegartes Gemüse, Orangenmarmelade, Sherryessig, das restliche Olivenöl (2 EL) und die gehackte Petersilie unter die Linsen rühren. Mit Salz und Pfeffer abschmecken. Den Linseneintopf auf tiefe Teller verteilen; die Entenbrustscheiben darauf anrichten.

Der gute Tipp

Alternativen: Statt mit Entenbrust die Linsen mit geräuchertem Putenbrustaufschnitt servieren. Wer sehr wenig Zeit hat, kann Linsen aus der Dose verwenden.

Schwäbische Linsen mit Spätzle

FÜR 4 PORTIONEN

1 Möhre
150 g Knollensellerie
1 Zwiebel
1 EL Öl
1,2 l Gemüsebrühe
125 g durchwachsener Räucherspeck am Stück
1 Lorbeerblatt
400 g Tellerlinsen
2 EL Butter
1 EL Mehl
2 EL Weinessig
Kräutersalz
frisch gemahlener Pfeffer
8 Wiener Würstchen
500 g Spätzle (Kühlregal)

ZUBEREITUNGSZEIT
30 Minuten

1 Die Möhre putzen, schälen und fein würfeln. Den Knollensellerie schälen und in feine Würfel schneiden. Die Zwiebel schälen und würfeln.

2 Das Öl im Schnellkochtopf erhitzen. Zwiebelwürfel und Gemüse darin kurz dünsten. Die Brühe dazugießen. Den Räucherspeck in vier gleich große Stücke schneiden, diese mit den Linsen und dem Lorbeerblatt in den Topf geben.

3 Den Topf nach Herstellerangabe verschließen. Den Topfinhalt erhitzen und auf der Schnellkochstufe (2. Ring) 10 Minuten garen.

4 In der Zwischenzeit 1 EL Butter mit dem Mehl verkneten. Wenn der Topf drucklos ist, öffnen. Die Mehlbutter zu den Linsen geben und unterrühren.

5 Die Linsen unter Rühren aufkochen. Mit Essig, Kräutersalz und Pfeffer würzen. Die Würstchen darauflegen und zugedeckt bei schwacher Hitze 5 Minuten erwärmen.

6 Die Spätzle in der restlichen Butter (1 EL) und 3 EL Wasser in 3 Minuten (Packungsangabe beachten) erhitzen. Die Linsen mit Spätzle, Speck und Würstchen anrichten.

Der gute Tipp

Garzeiten für Linsen: Im Kochtopf beträgt die Garzeit für Tellerlinsen etwa 30 Minuten. Die kleinen schwarzen Belugalinsen sind nach etwa 20 Minuten gar und die roten Linsen garen sogar innerhalb von 10 Minuten.

HAUPTGERICHTE MIT FLEISCH UND FISCH

Die Fischfilets der Länge nach halbieren und anschließend jede Hälfte in 4 Stücke schneiden.

Die Fischfiletstücke in der Korianderbutter wenden, dann mit Salz, Pfeffer und Zitronensaft würzen.

Saiblinge mit Erbsen-Tomaten-Gemüse

FÜR 4 PORTIONEN
4 Saiblingsfilets (je 180 g)
Salz
3 EL Butter
2 Schalotten, fein gehackt
300 g TK-Erbsen
Pfeffer
1 Knoblauchzehe
½ TL gemahlener Koriander
1 Bund Petersilie, fein gehackt
250 g Cocktailtomaten, halbiert
800 g Kartoffeln, gegart

ZUBEREITUNGSZEIT
30 Minuten

1 Fischfilets abspülen und mit Küchenpapier trocken tupfen. Die Filets der Länge nach halbieren, dann jede Hälfte in 4 gleich große Stücke schneiden. Wenig salzen und mit etwas Zitronensaft beträufeln.

2 In einem Topf 1 EL Butter erhitzen, Schalotten und gefrorene Erbsen zugeben. Mit Salz, Pfeffer und 1–2 EL Zitronensaft würzen. Zugedeckt 3–4 Minuten bei mittlerer Hitze dünsten.

3 Die restliche Butter (2 EL) in der Pfanne zerlassen, den Knoblauch durch die Presse zugeben und den Koriander unterrühren. Die Fischstücke zugeben und etwa 3 Minuten braten, zwischendurch einmal wenden. Mit Zitronensaft, Salz und Pfeffer würzen.

4 Petersilie unter die Erbsen mischen; mit Salz und Pfeffer würzen. Tomaten unterheben. Erbsengemüse mit dem Fisch auf Tellern anrichten, mit Salzkartoffeln servieren.

Der gute Tipp

Zuchtfische wie Saiblinge und Forellen, die aus konventioneller Teichwirtschaft stammen, können mit Pestiziden belastet sein. Diese werden eingesetzt, um unerwünschtes Pflanzenwachstum im Gewässer zu unterdrücken. Der Einsatz gesundheitsgefährdender Pestizide ist bei der ökologischen Fischzucht verboten, somit enthalten die Fische auch keine Rückstände davon. Ein weiteres Plus der Bio-Fische ist ihr festeres, aromatischeres Fleisch.

184 HAUPTGERICHTE MIT FLEISCH UND FISCH

Spanischer Bohnentopf mit Chorizo

FÜR 4 PORTIONEN

1 große Zwiebel
4 Knoblauchzehen
4 EL Olivenöl
1 Dose weiße Bohnen (Abtropfgewicht 500 g)
1 Lorbeerblatt
100 ml Gemüsebrühe
50 g luftgetrockneter roher Schinken (z. B. Serrano)
1 1/2 TL edelsüßes Paprikapulver
1 Messerspitze gemahlener Safran
200 g Chorizo oder andere würzige luftgetrocknete Wurst
Salz
frisch gemahlener Pfeffer
1 EL Sherryessig

ZUBEREITUNGSZEIT
20 Minuten

1 Zwiebel schälen und würfeln. Knoblauchzehen schälen und fein hacken. 2 EL Olivenöl in einem Topf erhitzen, Zwiebel und Knoblauch darin glasig dünsten.

2 Die Bohnen aus der Dose in ein Sieb schütten, kalt abspülen und gut abtropfen lassen. Mit dem Lorbeerblatt zu den Zwiebeln in den Topf geben.

3 Die Gemüsebrühe in den Topf gießen und aufkochen lassen. Währenddessen den Schinken in Streifen schneiden.

4 Die Bohnenmischung mit Paprikapulver und Safran würzen, dann Schinken und Chorizo hinzufügen. Alles 10 Minuten ziehen lassen.

5 Die Wurst aus dem Eintopf nehmen und in Scheiben schneiden. Die Bohnensuppe mit Salz und Pfeffer würzen. Den Sherryessig und das restliches Öl (2 EL) unterrühren. Die Chorizoscheiben untermischen und den Eintopf servieren.

Der gute Tipp

Wer mag, kann den Bohnentopf mit frischem Gemüse anreichern. Probieren Sie einmal in Würfel geschnittene Selleriestangen und in Streifen geschnittenen jungen Spitzkohl. Beides mit den Bohnen in den Topf geben. Aus dem Bohnentopf lässt sich ebenso leicht ein Kichererbsentopf zubereiten, indem Sie die Bohnen durch Kichererbsen ersetzen.

Kichererbseneintopf mit Paprikawurst

FÜR 4 PORTIONEN

300 g getrocknete Kichererbsen
2 EL Olivenöl
1 große Zwiebel, gewürfelt
2 Knoblauchzehen, fein gehackt
2 rote Paprikaschoten, in Streifen geschnitten
100 g Chorizo (scharfe spanische Paprikawurst), in 1 cm dicke Scheiben geschnitten
1 Dose Pizzatomaten (400 g)
2 EL Tomatenmark
Salz
schwarzer Pfeffer
Cayennepfeffer

ZUBEREITUNGSZEIT
90 Minuten

1 Die Kichererbsen mit reichlich kaltem Wasser bedecken und über Nacht einweichen. Am nächsten Tag die Erbsen abgießen, in einen Topf geben, knapp mit Wasser bedecken und in 60–90 Minuten weich kochen. Anschließend in der Kochflüssigkeit abkühlen lassen.

2 Das Öl in einem großen Topf erhitzen und die Wurstscheiben darin anbraten. Die Hälfte des Fettes aus dem Topf weggießen. Die Zwiebelwürfel im verbliebenen Fett im Topf glasig dünsten. Knoblauch und Paprika zufügen und kurz mitbraten. Pizzatomaten, Tomatenmark und 500 ml Kichererbsenflüssigkeit unterrühren.

3 Die Kichererbsen in ein Sieb schütten und gut abtropfen lassen; im Topf mit den anderen Zutaten verrühren. Den Eintopf mit wenig Salz, Pfeffer und Cayennepfeffer abschmecken, zugedeckt weitere 20 Minuten bei schwacher Hitze garen.

Der gute Tipp

Diesen Eintopf können Sie auch mit Kichererbsen aus der Dose zubereiten. Sie benötigen dann 600 g abgetropfte Erbsen.

Die Kichererbsen mit reichlich kaltem Wasser bedecken und über Nacht darin einweichen.

Von der Wurst die Haut abziehen. Die Wurst in 1 cm dicke Scheiben schneiden.

HAUPTGERICHTE MIT FLEISCH UND FISCH

Register

A
Aromatischer Salat mit dreierlei Bohnen 51

B
Berglinsen mit geräucherter Entenbrust 178

Bohnen
Mais-Bohnen-Eintopf 106
Scharfe marokkanische Bohnensuppe 21
Schweinefilet mit roten Bohnen 177
Steirischer Käferbohnentopf 171

Bohnen, gemischt
Aromatischer Salat mit dreierlei Bohnen 51
Bunter Bohnensalat 48
Scharfe Bohnensuppe mit Brätklößchen 174
Toskanische Bohnensuppe 133

Bohnen, grün
Bohnensalat mit Knoblauch-Minze-Sauce 67
Frühlingsgemüse mit Nudeln 163
Gemüsecurry mit Süßkartoffeln und Joghurt 148
Grüne Bohnen mit Rucola, Mango und Thunfischcreme 75
Lammcurry mit Bohnen und Cashewnüssen 161
Zander mit buntem Pfeffer und breiten Bohnen 158

Bohnen, Kidney-
Chili con Queso im Schälchen 92
Chili mit roten Bohnen und grünen Linguine 172
Hülsenfruchtpfanne mit Spinat 144
Karibischer Bohnentopf mit Paprika 140
Mexikanischer Gemüseauflauf 130

Bohnen, schwarz
Chilibohnen mit roten Zwiebeln 103
Jalapeño-Bohnen-Paste 80
Salat mit schwarzen Bohnen, Gerste und Avocado 58
Schwarze-Bohnen-Suppe mit grüner Paprika 32

Bohnen, weiß
Bohnen-Tomaten-Gemüse mit Salbei 118
Bohnencremesuppe mit Tomatenwürfelchen 24
Bohneneintopf 124
Bohnenküchlein mit Frischkäse 129
Bohnensalat mit Mais und Tomaten 55
Bohnensalat mit Thunfisch 63
Bunter Bohnensalat 48
Grüne Penne mit Bohnen-Tomaten-Sauce 142
Sauerkraut-Bohnen-Topf mit Speck 166
Spanischer Bohnentopf mit Chorizo 185
Weiße Bohnen nach kreolischer Art 101
Weiße-Bohnen-Burger 88
Weiße Bohnensuppe 23
Weiße-Bohnen-Suppe mit Räucherfisch 78
Weißes Bohnengemüse mit Gremolata 113
Bohnen-Tomaten-Gemüse mit Salbei 118
Bohnencremesuppe mit Tomatenwürfelchen 24
Bohneneintopf 124
Bohnenküchlein mit Frischkäse 129
Bohnensalat mit Knoblauch-Minze-Sauce 67
Bohnensalat mit Mais und Tomaten 55
Bohnensalat mit Thunfisch 63
Bunter Bohnensalat 48
Bunter Gemüseaufstrich 77
Bunter Linsensalat mit Curry-Kräuter-Dressing 52

C
Chili con Queso im Schälchen 92
Chili mit roten Bohnen und grünen Linguine 172
Chilibohnen mit roten Zwiebeln 103

E
Eier mit Erbsen und Linsen 70

Erbsen
Eier mit Erbsen und Linsen 70
Erbsen-Fenchel-Suppe mit Minze 37
Erbsengratin mit Champignons 108

Erbsensuppe 12
Erbsensuppe mit
Schinken 26
Frühlingsgemüse mit
Nudeln 163
Grüne Erbsen mit
Minizwiebeln 110
Kalte Erbsensuppe mit
Minze 31
Saiblinge mit Erbsen-Tomaten-
Gemüse 183
Salat mit zweierlei Erbsen und
Kerbeldressing 45
Würzige Erbsensuppe 16
Zarte Zuckererbsen 121
Zuckererbsen mit Äpfeln und
Ingwer 114

F
Feine Linsensuppe mit
Röstzwiebeln 15
Fisch
Bohnensalat mit Thunfisch
63
Grüne Bohnen mit Rucola,
Mango und Thunfischcreme
75
Saiblinge mit Erbsen-Tomaten-
Gemüse 183
Schollenröllchen auf
Linsengemüse 164
Weiße-Bohnen-Suppe mit
Räucherfisch 78
Zander mit buntem Pfeffer und
breiten Bohnen 158
Frühlingsgemüse mit
Nudeln 163

G
Gemüsecurry mit Süßkartoffeln
und Joghurt 148
Grüne Bohnen mit Rucola,
Mango und Thunfischcreme 75
Grüne Erbsen mit
Minizwiebeln 110
Grüne Penne mit Bohnen-
Tomaten-Sauce 142

H/I/J
Hülsenfruchtpfanne mit
Spinat 144
Indischer Linsenkuchen mit
Kürbissauce 147
Jalapeño-Bohnen-Paste 80

K
Kalte Erbsensuppe mit Minze 31
Karibischer Bohnentopf mit
Paprika 140
Kichererbsen
Hülsenfruchtpfanne mit
Spinat 144
Kichererbsen mit
orientalischem Dressing 83
Kichererbsen-Burger mit
Chipotle-Mayonnaise 72
Kichererbsencreme aus
Zypern 98
Kichererbseneintopf mit
Paprikawurst 186
Kichererbseneintopf mit
Süßkartoffeln 127
Kichererbsengemüse mit
Joghurt 87
Kichererbsengratins mit
Lamm 84
Kichererbsensalat mit Feta 46

Kichererbsensalat mit Roter
Bete 64
Mediterrane Kichererbsen-
Gemüse-Pfanne 139
Mexikanischer Gemüse-
auflauf 130
Orientalische Kichererbsen-
suppe mit Rindfleisch 168
Süß-pikante Kichererbsen 117

L
Lamm
Kichererbsengratins mit Lamm
84
Lammcurry mit Bohnen und
Cashewnüssen 161
Linsen
Berglinsen mit geräucherter
Entenbrust 178
Bunter Gemüseaufstrich 77
Bunter Linsensalat mit Curry-
Kräuter-Dressing 52
Eier mit Erbsen und Linsen 70
Feine Linsensuppe mit
Röstzwiebeln 15
Indischer Linsenkuchen mit
Kürbissauce 147
Linsen in Meerrettich-
creme 105
Linsen-Apfel-Salat mit
Radieschen 56
Linsen-Gemüse-Pfanne mit
Kürbiskernen 136
Linseneintopf mit
Zwiebeln 134
Linsensalat mit gerösteten
Zwiebeln 42
Linsensüppchen mit
Zitronen 29

Linsen (Forts.)
Naan-Brot mit Linsenkaviar 91
Rote-Linsen-Suppe 18
Rote-Linsen-Suppe mit Kreuzkümmel 34
Rucolarollen mit roten Linsen 94
Schollenröllchen auf Linsengemüse 164
Schwäbische Linsen mit Spätzle 180
Sobanudeln mit Linsen und Gemüse 155
Spiralen mit roten Linsen 151
Tagliatelle mit Linsen und Zucchini 152
Warmer Linsen-Paprika-Salat 61
Würzige Tomaten-Linsen-Suppe 39

M
Mais
Bohnensalat mit Mais und Tomaten 55
Chilibohnen mit roten Zwiebeln 103
Eier mit Erbsen und Linsen 70
Mais-Bohnen-Eintopf 106
Mexikanischer Gemüseauflauf 130
Weiße-Bohnen-Suppe mit Räucherfisch 78
Mediterrane Kichererbsen-Gemüse-Pfanne 139
Mexikanischer Gemüseauflauf 130

N/O
Naan-Brot mit Linsenkaviar 91
Orientalische Kichererbsensuppe mit Rindfleisch 168

R
Rind- und Kalbfleisch
Chili mit roten Bohnen und grünen Linguine 172
Orientalische Kichererbsensuppe mit Rindfleisch 168
Scharfe Bohnensuppe mit Brätklößchen 174
Rote Linsensuppe mit Kreuzkümmel 34
Rote-Linsen-Suppe 18
Rucolarollen mit roten Linsen 94

S
Saiblinge mit Erbsen-Tomaten-Gemüse 183
Salat mit schwarzen Bohnen, Gerste und Avocado 58
Salat mit zweierlei Erbsen und Kerbeldressing 45
Sauerkraut-Bohnen-Topf mit Speck 166
Scharfe Bohnensuppe mit Brätklößchen 174
Scharfe marokkanische Bohnensuppe 21
Schollenröllchen auf Linsengemüse 164
Schwäbische Linsen mit Spätzle 180
Schwarze-Bohnen-Suppe mit grüner Paprika 32

Schweinefleisch
Bohnencremesuppe mit Tomatenwürfelchen 24
Frühlingsgemüse mit Nudeln 163
Sauerkraut-Bohnen-Topf mit Speck 166
Schwäbische Linsen mit Spätzle 180
Schweinefilet mit roten Bohnen 177
Steirischer Käferbohnentopf 171
Sobanudeln mit Linsen und Gemüse 155
Spanischer Bohnentopf mit Chorizo 185
Spiralen mit roten Linsen 151
Steirischer Käferbohnentopf 171
Süß-pikante Kichererbsen 117

T
Tagliatelle mit Linsen und Zucchini 152
Teigwaren
Chili mit roten Bohnen und grünen Linguine 172
Frühlingsgemüse mit Nudeln 163
Grüne Penne mit Bohnen-Tomaten-Sauce 142
Schwäbische Linsen mit Spätzle 180
Sobanudeln mit Linsen und Gemüse 155
Spiralen mit roten Linsen 151

Tagliatelle mit Linsen und
Zucchini 152
Tomaten
Aromatischer Salat mit dreierlei
Bohnen 51
Bohnen-Tomaten-Gemüse mit
Salbei 118
Bohnencremesuppe mit
Tomatenwürfelchen 24
Bohnensalat mit Mais und
Tomaten 55
Bohnensalat mit Thunfisch 63
Chili con Queso im
Schälchen 92
Chili mit roten Bohnen und
grünen Linguine 172
Chilibohnen mit roten
Zwiebeln 103
Erbsengratin mit Champignons 108
Grüne Penne mit Bohnen-
Tomaten-Sauce 142
Hülsenfruchtpfanne mit
Spinat 144
Kichererbsen mit
orientalischem Dressing 83
Kichererbseneintopf mit
Paprikawurst 186
Kichererbsengratins mit Lamm 84
Kichererbsensalat mit Feta 46
Linseneintopf mit Zwiebeln 134
Linsensalat mit gerösteten
Zwiebeln 42
Mediterrane Kichererbsen-
Gemüse-Pfanne 139
Mexikanischer Gemüse-
auflauf 130

Naan-Brot mit Linsen-
kaviar 91
Orientalische Kichererbsen-
suppe mit Rindfleisch 168
Saiblinge mit Erbsen-Tomaten-
Gemüse 183
Salat mit schwarzen Bohnen,
Gerste und Avocado 58
Scharfe Bohnensuppe mit
Brätklößchen 174
Scharfe marokkanische
Bohnensuppe 21
Schweinefilet mit roten Bohnen 177
Spiralen mit roten Linsen 151
Süß-pikante Kichererbsen 117
Warmer Linsen-Paprika-
Salat 61
Weiße Bohnen nach kreolischer
Art 101
Weiße-Bohnen-Burger 88
Weißes Bohnengemüse mit
Gremolata 113
Würzige Tomaten-Linsen-
Suppe 39
Toskanische Bohnensuppe 133

W
Warmer Linsen-Paprika-
Salat 61
Weiße Bohnen nach kreolischer
Art 101
Weiße-Bohnen-Burger 88
Weiße Bohnensuppe 23
Weiße-Bohnen-Suppe mit
Räucherfisch 78
Weißes Bohnengemüse mit
Gremolata 113

Wurst
Erbsensuppe mit Schinken 26
Karibischer Bohnentopf mit
Paprika 140
Kichererbseneintopf mit
Paprikawurst 186
Spanischer Bohnentopf mit
Chorizo 185
Würzige Erbsensuppe 16
Würzige Tomaten-Linsen-
Suppe 39

Z
Zander mit buntem Pfeffer und
breiten Bohnen 158
Zarte Zuckererbsen 121
Zuckererbsen mit Äpfeln und
Ingwer 114

Impressum und Bildnachweis

Einleitung
bookwise medienproduktion, München

Reader's Digest
Redaktion: Falko Spiller
Grafik: Roland Sazinger
Prepress: Frank Bodenheimer

Redaktionsdirektor: Michael Kallinger
Chefredakteurin Buch: Dr. Renate Mangold
Art Director: Susanne Hauser

Produktion
arvato distribution: Thomas Kurz

Druckvorstufe
BORN London Limited

Druck und Binden
Mohn Media Mohndruck, Gütersloh

Überarbeitete Neuausgabe 2017
© 2017, 2015 Reader's Digest Deutschland, Schweiz, Österreich
Verlag Das Beste GmbH, Stuttgart, Zürich, Wien

Das Werk einschließlich aller seiner Teile ist urheberrechtlich geschützt. Jede Verwendung außerhalb der engen Grenzen des Urheberrechtsgesetzes ist ohne Zustimmung des Verlags unzulässig und strafbar. Das gilt insbesondere für Vervielfältigungen, Übersetzungen, Mikroverfilmungen und die Verarbeitung in elektronischen Systemen.

GR 2510/G
Printed in Germany

ISBN 978-3-96211-003-1

Bildnachweis
Alle Bildrechte bei Reader's Digest außer:
Einbandvorderseite iStockphoto.com/baibaz;
S. 6 iStockphoto.com/AndreyGorulko;
S. 8 iStockphoto.com/CGissemann